费尔巴哈文集

第 11 卷

哲学短篇集

洪谦　荣震华　王太庆　等译

商务印书馆
创于1897　The Commercial Press

本卷所载文章，原载商务印书馆 1984 年版

《费尔巴哈哲学著作选集》上、下卷

本次合为一辑出版

文 献 说 明

一、本文集主要依据的费尔巴哈著作集

1. 德文版《费尔巴哈全集》第 1 版

费尔巴哈的著作在其在世时曾以单行本、小册子及各种文集的形式出版,其本人于 1846 年着手编纂并出版自己的全集(莱比锡,由奥托·维甘德[Otto Wigand]出版),截至 1866 年共出版 10 卷,该版通常被称为《费尔巴哈全集》第 1 版。

第 1 版 10 卷卷名如下:

第 1 卷 *Erläuterungen und Ergänzungen zum Wesen des Christenthums*(1846)

第 2 卷 *Philosophische Kritiken und Grundsätze*(1846)

第 3 卷 *Gedanken über Tod und Unsterblichkeit*(1847)

第 4 卷 *Geschichte der neuern Philosophie von Bacon von Verulam bis Benedict Spinoza*(1847)

第 5 卷 *Darstellung, Entwicklung und Kritik der Leibnitz'schen Philosophie*(1848)

第 6 卷 *Pierre Bayle*(1848)

第 7 卷 *Das Wesen des Christenthums*(1849)

第 8 卷 *Vorlesungen über das Wesen der Religion*(1851)

第 9 卷 *Theogonie nach den Quellen des classischen, hebräischen und christlichen Alterthums*(1857)

第 10 卷 *Gottheit, Freiheit und Unsterblichkeit vom Standpunkte der Anthropologie*(1866)

2. 德文版《费尔巴哈全集》第 2 版

1903 年费尔巴哈的友人 W. 博林(W. Bolin)和 F. 约德尔(F. Jodl)为纪念费尔巴哈 100 周年诞辰(1904 年),从 1903 年到 1911 年,整理出版了 10 卷本的《费尔巴哈全集》(斯图加特,弗罗曼出版社[Frommann])。这部全集通常被称为《费尔巴哈全集》第 2 版,它比《费尔巴哈全集》第 1 版全备,但 W. 博林和 F. 约德尔对著者在世时出版的原本进行了加工,他们不仅改变书法、标点以及拉丁文和其他外文引文的德译,还在许多地方按照自己的意思改变在他们看来过于尖锐的文句,删去他们认为无关紧要的地点。

第 2 版 10 卷卷名如下:

第 1 卷 *Gedanken über Tod und Unsterblichkeit*(1903)

第 2 卷 *Philosophische Kritiken und Grundsätze*(1904)

第 3 卷 *Geschichte der neueren Philosophie von Bacon von Verulam bis Benedikt Spinoza*(1906)

第 4 卷 *Darstellung, Entwicklung und Kritik der Leibniz'schen Philosophie*(1910)

第 5 卷 *Pierre Bayle. Ein Beitrag zur Geschichte der Philosophie und Menschheit*(1905)

第 6 卷 *Das Wesen des Christenthums*(1903)

第 7 卷 *Erläuterungen und Ergänzungen zum Wesen des Christenthums*(1903)

第 8 卷 *Vorlesungen über das Wesen der Religion*(1908)

第 9 卷 *Theogonie nach den Quellen des classischen, hebräischen und christlichen Alterthums*(1910)

第 10 卷 *Schriften zur Ethik und nachgelassene Aphorismen* (1911)

3. 俄文版及中文版《费尔巴哈哲学著作选集》

苏联国家政治书籍出版社 1955 年出版了两卷本的俄文版《费尔巴哈哲学著作选集》(*Людвиг Фейербах, Избранные философские произведения*, Госполитиздат, Москва. 1955),该俄译本在遇到第 1 版和第 2 版有歧义时,均恢复了费尔巴哈本人(即第 1 版)的原文。上卷包含"路德维西·费尔巴哈"(葛利高利扬著)、"黑格尔哲学批判"、"论'哲学的开端'"、"改革哲学的必要性"、"关于哲学改造的临时纲要"、"未来哲学原理"、"谢林先生"、"反对身体和灵魂、肉体和精神的二元论"、"说明我的哲学思想发展过程的片段"、"对《哲学原理》的批评意见"、"从人本学观点论不死问题"、"论唯灵主义和唯物主义,特别是从意志自由方面着眼"、"幸福论"以及"法和国家";下卷包含"基督教的本质"、"因《唯一者及其所有物》而论《基督教的本质》"、"宗教的本质"以及"宗教本质讲演录"。

商务印书馆 1984 年依据此俄文版《费尔巴哈哲学著作选集》翻译出版了中文版《费尔巴哈哲学著作选集》,此版本在篇目编排上依据俄文版《费尔巴哈哲学著作选集》,译文能找到德文的均依据德文译出,找不到的则依据俄文译出。

此外,俄文版《费尔巴哈哲学著作选集》上下卷卷末均有较长的注释,除介绍了版本信息和内容概要外,还在尾注中对正文内容做了一些补充说明,对了解费尔巴哈的学术思想颇有帮助。商务印书馆1984年版《费尔巴哈哲学著作选集》翻译了这些注释。

本次编选《费尔巴哈文集》时,将这些注释中的版本信息和内容概要加以整理,列在相应的各卷"编选说明"中;将尾注内容改为脚注,附在对应各卷的正文中,并注明"俄文编者注"。

4. 中文版《费尔巴哈哲学史著作选》

商务印书馆1978—1984年依据《费尔巴哈全集》第2版第3、4、5卷翻译出版3卷本《费尔巴哈哲学史著作选》,卷名如下:

第1卷《从培根到斯宾诺莎的近代哲学史》(1978年)

第2卷《对莱布尼茨哲学的叙述、分析和批判》(1979年)

第3卷《比埃尔·培尔对哲学史和人类史的贡献》(1984年)

二、其他主要德文编选文献

卡尔·格留恩(Karl Grün)编:《费尔巴哈的通信和遗著及其哲学发展》(*Ludwig Feuerbach in seinem Briefwechsel und Nachlass sowie in seiner philosophischen Charakterentwicklung*),两卷,1874年出版于莱比锡和海德堡,C. F. 温特书店(C. F. Winter'sche Verlagshandlung)。

卡普(August Kapp)编:《路德维希·费尔巴哈和克里斯提安·卡普通信集》(*Briefwechsel zwischen Ludwig Feuerbach und Christian Kapp*),1876年,莱比锡,由奥托·维甘德出版。

博林(W. Bolin)编:《费尔巴哈来往通信集》(*Ausgewählte*

Briefe von und an Ludwig Feuerbach），两卷，1904 年，莱比锡，由奥托·维甘德出版。

朗格（Max Gustav Lange）编：《费尔巴哈短篇哲学论文集》（*Kleine philosophische Schriften*，1842—1845），1950 年，莱比锡，费利克斯·迈纳出版社（Felix Meiner）。

舒芬豪尔（Werner Schuffenhauer）编：《费尔巴哈通信集》（*Ludwig Feuerbach，Briefwechsel*），1963 年，莱比锡，雷克拉姆出版社（Reclam Verlag）。

舒芬豪尔编：《费尔巴哈全集》（*Ludwig Feuerbach：Gesammelte Werke*），22 卷，1967 年，柏林，科学院出版社（Akademie-Verlag），其中第 1—12 卷为费尔巴哈生前发表著作，第 13—16 卷为遗著，第 17—21 卷为通信，第 22 卷为附录。

舒芬豪尔编：《费尔巴哈：短著集》（*Ludwig Feuerbach，Kleinere Schriften*），3 卷。第 1 卷（1835—1839），1969 年，柏林，科学院出版社；第 2 卷（1839—1846），1970，柏林，科学院出版社；第 3 卷（1846—1850），1971 年，柏林，科学院出版社。

埃利希·蒂斯（Erich Thies）编：《费尔巴哈文集》（*Ludwig Feuerbach：Werke in sechs Bänden*），1975—1976 年，法兰克福，苏尔坎普出版社（Suhrkamp Verlag）。

商务印书馆编辑部

2021 年 7 月

本卷编选说明

1.《说明我的哲学思想发展过程的片段》

这篇文章的德文标题为"Fragmente zur Charakteristik meines philosophischen Curriculum vitae",是费尔巴哈 1846 年为第 1 版《费尔巴哈全集》第 2 卷写的,在这篇文章中费尔巴哈提供了他的哲学思想发展过程的鸟瞰,文章按 1822 年到 1846 年间费尔巴哈哲学思想发展中的主要阶段分成几个部分。这一文章最初收在《费尔巴哈全集》第 1 版第 2 卷,《费尔巴哈全集》第 2 版中亦收在第 2 卷,俄译本最初发表于苏联国家社会经济出版局 1936 年版费尔巴哈文集《未来哲学原理》中,1955 年俄文版《费尔巴哈哲学著作选集》将此文收在上卷,由鲁宾译成俄文,由波波夫依照《费尔巴哈全集》第 1 版第 2 卷德文原本校订。此处依据《费尔巴哈全集》第 2 版第 2 卷译出。

2.《论"哲学的开端"》

这篇文章的德文标题为"Über den Anfang der Philosophie",是针对雅·弗·莱伊夫的《论"哲学的开端"》一书而写的。莱伊夫作为一个唯心主义者,认为不是物质现实,而是人的意识、我们的

"自我"所产生的"与定的东西",是哲学的出发点。费尔巴哈令人信服地指出了这种"开端"的虚幻性。与唯心主义对哲学的"开端"的这种看法相对立,费尔巴哈捍卫了唯物主义的这样一个论点,即和任何知识一样,哲学也必须以在人之外并且不以人为转移的具有质的规定性的实在事物为出发点。另一方面,费尔巴哈在这篇文章里提出他的把人看作具有思维这种物质实体——脑的特性的有形实体的人本主义观点,来与唯心主义观点相对抗。在反对唯心主义的斗争中,费尔巴哈主要把人说成是自然界的一部分,而没有指出人是一定的生产关系的产物,这里表现出他的人本主义原理的局限性。

这篇文章最初刊载在 1841 年的《德国科学艺术问题哈勒年鉴》(*Hallische Jahrbücher für deutsche Wissenschaft und Kunst*)上,后来收入《费尔巴哈全集》第 1 版第 2 卷中。俄文译本最初载于 1923 年版《费尔巴哈文集》第 1 卷;俄文版《费尔巴哈哲学著作选集》将此文收入上卷,由波波夫译成俄文,由鲁宾依据《费尔巴哈全集》第 1 版第 2 卷校订;此处依据 1955 年俄文版《费尔巴哈哲学著作选集》译出。

3.《改革哲学的必要性》

这篇文章的德文标题为"Notwendigkeit einer Reform der Philosophie",是费尔巴哈的最初一些奠基性的唯物主义著作之一。费尔巴哈所说的哲学改革是指唯物主义的权利的恢复及其在德国条件下的进一步发展。费尔巴哈用他所特有的论据论证了改革哲学的必要性。他的一个基本论点是:"人类的各个时期的彼此不同,仅仅是由于宗教的变迁。"费尔巴哈断定,人类面临着否定基督教和代之以新宗教的必要性,所以新哲学也就必然成为这样的宗教。在他看来,人本主义的唯物主义就是这种哲学。尽管费尔巴哈从他对历史的唯心主义观点出发所作的这些论断是错误的,但他在这一著作中热情地捍卫了哲学唯物主义的必要性,坚决反对了宗教和唯心主义哲学。

这篇文章写于 1842 年,费尔巴哈生时未刊印,最初由格留恩收在文集《费尔巴哈的通信和遗著及其哲学发展》第 2 卷中,后又收入《费尔巴哈全集》第 2 版第 2 卷;俄译文最初载于 1923 年《费尔巴哈文集》第 1 卷。俄文版《费尔巴哈哲学著作选》将此文收在上卷,由波波夫翻译,由鲁宾依据《费尔巴哈全集》第 2 版第 2 卷校订;此处依据 1955 年俄文版《费尔巴哈哲学著作选集》译出。

4.《关于哲学改造的临时纲要》

这篇文章的德文标题为"Vorläufige Thesen zur Reform der Philosophie",写于 1842 年,由于书报检查而未能在德国出版。它最初在瑞士出版,载于文集《布鲁诺·鲍威尔、路德维希·费尔巴哈、弗里德里希·凯本、卡尔·纳乌威尔克和阿尔诺德·卢格等人所写的有关现代德国哲学和政论方面的未出版的著作》,阿尔诺德·卢格出版,1—2 卷,苏黎世-温特图尔,1843 年,(*Anecdota zur neuesten deutschen Philosophie und Publicistik. Von Bruno Bauer , Ludwig Feuerbach , Friedrich Köppen , Karl Nauwerck , Arnold Ruge und einigen Ungenannten* , herausgegeben von Arnold Ruge. I—II. Zürich und Winterthur. 1843),后来收在《费

尔巴哈全集》第 1 版第 2 卷中;俄译本最初出现在杂志《在马克思主义旗帜下》(1922 年第 7—8 期)上。俄文版《费尔巴哈哲学著作选集》将此文收在上卷,根据《费尔巴哈全集》第 1 版第 2 卷译校;此处依据柏林建设出版社 1955 年出版的《黑格尔哲学批判》(*Ludwig Feuerbach*:*Zur Kritik der Hegelschen Philosophie*,Aufbau-Verlag,Berlin. 1955)一书译出。

5.《黑格尔哲学批判》

这篇文章德文标题为"Zur Kritik der Hegelschen Philosophie",是费尔巴哈跟黑格尔的唯心主义彻底决裂的第一本著作;他从这本著作开始成为唯物主义者。费尔巴哈在这本著作中不仅切实地批判了黑格尔,而且也批判了德国唯心主义的其他代表人物,如康德、费希特和谢林。马克思曾写道,费尔巴哈"在他向黑格尔作第一次坚决进攻时以清醒的哲学来对抗醉熏熏的思辨"(《马克思恩格斯全集》,人民出版社版,1957 年第 2 卷,第 159 页)。

这篇文章最初发表在 1839 年卢格出版的《德国科学艺术问题哈勒年鉴》(*Hallische Jahrbücher für deutsche Wissenschaft und Kunst*)上,收入《费尔巴哈全集》第 2 版第 2 卷;1955 年俄文版《费尔巴哈哲学著作选集》将此文收在上卷,由波波夫翻译,鲁宾依据《费尔巴哈全集》第 2 版第 2 卷校订;此处依据柏林建设出版社 1955 年出版的《黑格尔哲学批判》(*Ludwig Feuerbach*:*Zur Kritik der Hegelschen Philosophie*,Aufbau-Verlag,Berlin. 1955)一书译出。

6.《谢林先生》

这篇文章的德文标题为"Herr von Schelling",是答复马克思 1843 年 10 月 20 日函(见《马克思恩格斯全集》,苏联国家政治书籍出版局 1938 年俄文版,第 1 卷,第 511—522 页)的未寄出信稿,写在 1843 年 10 月 25 日。在《莱茵报》被封(1843 年 3 月)之后,马克思认清德国的条件已不可能工作,不久便移居巴黎,与卢格一同着手出版《德法年鉴》,为了给这本杂志撰稿,约请了许多进步人士,其中还有海涅。马克思在上述信件中邀请费尔巴哈给《德法年鉴》第 1 期写一篇关于谢林的专论——谢林受聘于普鲁士政府,领导柏林大学哲学教学(1841 年),谢林为了执行他的保护人的意志,公开庇护专制制度和基督教;谢林抱定宗旨特别要"绥靖"持有急进思想的青年学生,这在德国进步人士面前提出了一项任务,即揭露谢林,为反对他的"启示"哲学而斗争。马克思希望费尔巴哈直接参与这场反对谢林的斗争,在信中对费尔巴哈说,"你和他(即和谢林,俄文编者注)的斗争,是哲学本身和对哲学歪曲之间的斗争"(《马克思恩格斯全集》,1938 年俄文版,第 1 卷,第 512 页)。年轻的马克思和恩格斯也实际参加了这场斗争,恩格斯写了三篇作品反对谢林:《谢林论黑格尔》(1841),《谢林和启示》(1842)和《谢林——基督的哲学家,或变人间智慧为神的智慧》(1842)(见《马克思恩格斯全集》,苏联国家政治书籍出版局 1938 年俄文版,第 2 卷,第 105—187 页)。

马克思的信和费尔巴哈未寄出的复函草稿最初由格留恩发表于文集《费尔巴哈的通信和遗著及其哲学发展》第 1 卷,后来"谢林先生"单独又收入《费尔巴哈全集》第 2 版第 4 卷;1955 年俄文版《费尔巴哈哲学著作选集》将此文收在上卷,是第一次将此文译成俄文,由波波夫翻译,鲁宾依据《费尔巴哈全集》第 2 版第 4 卷校订;此处依据 1955 年俄文版《费尔巴哈哲学著作选集》译出。

7.《反对身体和灵魂、肉体和精神的二元论》

这篇文章的德文标题为"Wider den Dualismus von Leib und Seele, Fleisch und Geist",在这篇文章中费尔巴哈确凿地指出对人的二元论观点的错误:只是在理论上可以把人分割为身体和灵魂、肉体和精神,其实,在现实中,它们是不可分离地联系在一起的,是一个有机的统一,是同一个实体——人的两面。同时唯物主义者费尔巴哈证明,意识、精神和思维是物质、身体和脑的属性。意识着的、思维着的是现实的、肉身的人。在这里可以鲜明地看出费尔巴哈怎样利用人本主义原则作为工具,来唯物地解决哲学的根本问题——思维对存在、精神对物质的关系的问题。在这篇著作中,费尔巴哈也研究了世界的可知性,阐明了感觉和思维在认识过程中的作用。费尔巴哈在这里批判了"生理学的"唯心主义,但费尔巴哈在这篇文章中,想把他的人本主义哲学摆得高于唯物主义和唯心主义,他证明"唯物主义、唯心主义、生理学、心理学都不是真理,只有人类学是真理"。资产阶级著作家利用了费尔巴哈类似的见解,把他的实质上是唯物主义的哲学描画为变相的实证论。

这篇文章最初发表于《费尔巴哈全集》第 1 版第 2 卷,俄译本最初出现于 1908 年圣彼得堡版费尔巴哈文集《论二元论和不死》上,译者为阿列克谢耶夫;俄文版《费尔巴哈哲学著作选集》将此文收在上卷,重新由鲁宾依照《费尔巴哈全集》第 1 版第 2 卷德文原本校订;此处依据《费尔巴哈全集》第 2 版第 2 卷译出。

8.《对〈哲学原理〉的批评意见》

这篇文章的德文标题为"Kritische Bemerkungen zu den *Grundsätzen der Philosophie*",在这篇论文中费尔巴哈详细地说明了一系列他的唯物主义哲学的原理,特别是认识论。这些原理是感性认识和理性认识的关系、真理的标准、因果性和规律性等。费尔巴哈批评那些唯心主义哲学和康德主义的捍卫者的观点。

这篇论文写在 1848—1849 年,开始是收在 1848—1849 年费尔巴哈于海德堡讲的宗教哲学讲演录里,但在准备出版讲演录的时候,费尔巴哈摘除了"对《哲学原理》的批评意见"一文,因为这些批评意见脱离了讲演录的本题,所以这篇文章在费尔巴哈生前未获出版;这篇文章第一次发表在《费尔巴哈全集》第 2 版第 2 卷;最初的俄译本收于 1923 年版《费尔巴哈文集》第 1 卷;1955 年俄文版《费尔巴哈哲学著作选集》将此文收在上卷,重新由鲁宾依照《费尔巴哈全集》第 2 版第 2 卷德文原本校订;此处依据《费尔巴哈全集》第 2 版第 2 卷译出。

9.《因〈唯一者及其所有物〉而论〈基督教的本质〉》

这篇文章是为了回答麦克斯·施蒂纳在其《唯一者及其所有物》一书中对《基督教的本质》所作的批判。对于费尔巴哈这篇论著的最后一部分,马克思写道,费尔巴哈"借助于'社会的人'这一规定宣称自己是共产主义者,他把这一规定变成'人'的宾词,认为这样一来又可以把表达现存世界中一定革命政党的拥护者的'共产主义者'一词变为一种空洞的范畴。费尔巴哈在关于人与人之间的关系问题上的全部推论无非是要证明：人们是互相需要的，并且过去一直是互相需要的。他希望加强对这一事实的理解，也就是说，和其他的理论家一样，只是希望达到对现存事实的正确理解，然而一个真正的共产主义者的任务却在于推翻这种现存的东西。"（《马克思恩格斯全集》，第3卷，人民出版社，1960年，第47页。另外，对麦克斯·施蒂纳的《唯一者及其所有物》一书的批判，亦可参阅《马克思恩格斯全集》第3卷，第116页起，"圣麦克斯"）

费尔巴哈的这篇文章最初发表在维干德的期刊《维干德季刊》（1845年，第2卷）上面，俄文译本是由鲁美尔翻译的（《费尔巴哈全集》，俄文版，第2卷，1926年版）；1955年俄文版《费尔巴哈哲学著作选集》将此文收在下卷，译文由鲁宾校订过；此处依据1955年俄文版《费尔巴哈哲学著作选集》译出。

10.《法和国家》

这篇文章的德文标题是"Recht und Staat"，是由 F. 约德尔（F. Jodl）给加的，收集了在内容上构成费尔巴哈关于法和国家问题见解的一些断片。费尔巴哈在世时，这些断片并没有刊印出来。这篇文章最初是收在《费尔巴哈全集》第2版第10卷中，断片的一部分（6，11—19）由 F. 约德尔取自格留恩出版的《费尔巴哈的通信和遗著及其哲学发展》第2卷；有些断片由格留恩以"政治学"的标题刊印出来，其他的断片在"道德哲学和有关道德的对象"标题下刊印；格留恩认为这些断片的一部分（11，12，13）是1841—

1847 年这一时期写的,其他一些部分(6,14,19)是在 1857—1860 年写的;其余断片写作的时间,他没有加以确定;断片 1—5,7—10,20—21 大概是 F. 约德尔由费尔巴哈手稿遗产中取来,这些断片的写作时间没有标明。断片集"法和国家"的俄文译本最初刊印在 1923 年版《费尔巴哈文集》第 1 卷中,其形式和刊载在《费尔巴哈全集》第 2 版第 10 卷中的形式一样;1955 年俄文版《费尔巴哈哲学著作选集》将此文收在上卷,与《费尔巴哈全集》第 2 版第 10 卷保持同一形式,译文由鲁宾重新依照《费尔巴哈全集》第 2 版第 10 卷德文原本校订;此处依据 1955 年俄文版《费尔巴哈哲学著作选集》译出。

商务印书馆编辑部

2021 年 7 月

目　　录

说明我的哲学思想发展过程的片段①

李时 译

1822

安斯巴哈

撒手尘寰之情欲而向往不朽的人，其碇泊之稳固，任何狂飙暴雨都不能使其丝毫动摇。

——奥匹次

与其隐己之短，莫若隐己之长。

——圣贝尔纳

当颂扬你的时候，且勿骄恣。须知人们在你身上所颂扬的，不过是借你之身以行其事的神明。

---

① 只是片段而已！所以没有一点完整的，没有一件完成的东西。何以如此呢？一部分是因为缺少时间、愿望和回首往昔的兴致，而另外一部分是因为缺乏文献即记录——有的落于他人之手，有的已经遗失了。譬如本文开头的几段摘录，都是从我生命最无关紧要的阶段——1822年结束的中学时代——留下来的一些绝无仅有的遗物。所以在这一个片断汇集中，没有可以代表对我有重大影响的时期的材料；其他的时期也只不过是微微暗示一点而已。——著者〔这条注释费尔巴哈写于1846年。——俄文编者注〕

　　为善不要为一己的荣耀,而须是为赐予了你以行善能力的神的荣耀。你的身上只有为恶的才智;你所为的善是神赐予你的。

——圣奥古斯丁

1824

海　德　堡

　　亲爱的父亲!……我想在复活节之前入柏林大学,这所大学对我进一步的神学研究和一般精神教育是最适当的地方。你从我以前的信中已经知道道布是这里唯一可以完全使我满意的人。但他的主要课程我已经听过了,在上一个学期除神学道德之外我还听了他讲得逸兴遄飞的论恶的起源这一门课程,在这一学期,我听了教理学,教理学是他全部精神面貌的中心本质,仿佛是他的理智的精髓。而现在我却失去了道布——我在这儿的生活中的唯一支柱——,那么再留下去还有什么好处呢?至于保路斯,我已经跟你说过,他讲的释经学是令人难以忍受的,至于他的教会史那更是有过之而无不及。他讲教会史时,又禁不住在我们面前,搬弄他的智慧,他主观的一己之见,并且从老一套心理学基本概念中推演出伟大的思想来。但当我听教会史讲义的时候,我想听的正是教会史,而不是某一位讲述人的主张和假说。应该绝对客观地介绍事实——不论是属于行为或思想方面的,应该介绍它们如何自然而然地形成,如何必然地彼此制约,以及如何为自己带来生命或死亡;如果这样,历史自己就会现身说法,以史实本身阐明真假虚实,它不须要任何注解。要想体会科隆大教堂的宏伟壮丽,为此全然无须现代建设师的帮助。

其次,这里唯一的哲学家是爱尔哈特,但这是一位徒有其名、名不符实的哲学家。他固然间或也会拿出一些杰出精美的思想,但是他这些思想又往往形单影只犹如孤儿,非但不能在爱的火焰中熔合成整体,为共同的基本思想而牺牲自己,反而像猫和狗一样彼此露齿狞笑。

所以,在我听完了那才情卓越的道布最优秀的讲义之后——那讲义不仅是用耳朵聆听的,而且也是我心领神会的,却能到柏林去继续我的学业,对我该是多么有益的——在柏林,不像在此地,只有孤零零的一棵树,只能从这唯一的一棵树上采摘认识和科学的果子,在那里,是整个一个大花园,到处是万花繁衍,果实累累的乔木;在柏林,每一种科学,且差不多每一个个别部门,都有杰出的、驰名的代表;在柏林,我不仅可以从大学讲坛上,也可以从教会教坛上,从我们时代公认的最伟大的宗教演说家施莱尔马赫的口里,听到精神的活生生的语言!在哪里能听到比伟大的施莱尔马赫所讲述的更好的释经学,比著名的、可敬的内安德所讲述的更好的教会史,这些讲义对一个神学家是非听不可,而且也是我自己早就急于要听的。在柏林,哲学无疑也与此地不同。不谈我自己是全心全意想彻底研究哲学这一门学业,甚至于巴伐利亚政府也规定哲学为必修课讲义;既然如此,那么当然还是听真正的,而不是徒有其名的哲学讲义比较好些,免得把时间浪费在那有名无实的课程上。

柏　林

亲爱的父亲！虽然我不过才听了四个星期的课，但收益却已经多得无可估量。听道布讲学时一知半解，感到晦涩，至少觉得是根据太薄弱的地方，我现在听了黑格尔的几次讲演后，都已能了解得很透彻，并且也看得出这道理的必要性；本来在我身上仅仅像火绒一般微微燃烧着的东西，现在却觉得很快就要燃起熊熊的火焰。别以为我弄错了。为求知欲所鼓舞和在受过道布这样人的培养后，已经有了准备和训练了自己的思考能力的人，来到黑格尔这里，在听了几课之后，就感到他的思想的渊博和深邃的强有力的影响，是完全自然的事。而且黑格尔讲学极为明晰易解，不似他写的著作那样佶屈聱牙；因为他极其注意听众的理解力。但最令人敬佩的是他阐述某一观念时，虽然也掺入些普通的概念，不甚严格地遵循哲学的程序，以阐发他的思想，但尽管如此，他还是须臾不离问题的症结处。

1825

亲爱的哥哥！我心里有千言万语，都应该写给你；但既无时间，也没有写信的兴致。只告诉你一件事，我已从神学转到哲学。哲学之外没有幸福！人只有在使自己满足的地方，才能满足别人，只有在他自信能有所成就的地方，才能有所成就。哲学的嗜好保证了我的哲学才能。我在这里，在柏林，比之以前，已经大大地进步了。人的进步，哪里也没有比在思想上来得快。思想一旦解除了藩篱，便成为一股洪流，不可遏止地把我们不断冲向前去。

——

亲爱的父亲！是的，那是千真万确的：我放弃了神学；但我放弃神学不是由于莽撞或者轻率；不是因为它不合我的脾胃，而是因为它不能满足我的要求，不能满足我所需要的必不可少的东西。——我的精神到底还是不能就范于圣地①那蕞尔小国的褊狭疆界以内；我的心灵向往着辽阔的大世界；我的又饥渴又好胜的灵魂想要吞下一切。我的欲求简直是无边无岸的，我要把大自然，——那懦怯的神学家对它的幽辽感到惊慌失措的大自然——我要把人，就是说把完整无缺的人——不是神学家、解剖学家或法学家而只是哲学家的对象的人——拥抱在我的怀里。——你应当和我一同高兴了，因为在我内心里开始了一种新的生活、新的时代；应该高兴，因为我从神学家这一帮人中逃脱了出来，并且又交了像亚里士多德、斯宾诺莎、康德、黑格尔这样有天才的朋友。——如果想使我再回到神学去，不啻想抓住精神再放到它的已经死了的躯壳中去，使蝴蝶再回到蛹里去。

1826

现在黑格尔的讲义已经听完了；除掉他的美学而外，他的全部讲义我都听完了，他的《逻辑学》甚至听了两遍。但黑格尔的《逻辑学》仿佛是法令汇编、哲学的法规大全；它包括全部哲学，不仅是旧哲学，而且新哲学的思辨原理；并且也是他自己的思想方法的阐述。但最重要的是不仅要掌握某一哲学的内容，而且也要掌握它的方法。

---

　①　此处指巴勒斯坦，犹太教及基督教的发祥地。——译者

1827—1828

怀　疑

　　思维对存在的关系怎么样？是不是如同逻辑对自然的关系呢？凭什么理由可以从逻辑的范围转到自然的范围呢？这相互转化的不可避免性和原理又何在呢？在逻辑中,我们看见的……是一些像有、无、某物、别有、有限、本质和现象这样一些普通概念,它们互相转化,彼此扬弃;但它们自身却是抽象的、片面的、消极的规定。但是综合这一切规定的观念,怎能和它的这些有限规定处在同一范畴之中呢？逻辑进程的不可避性是逻辑规定自己的否定。那么在那绝对的、完善的理念中究竟有什么否定的方面呢？是不是在于它只存在于思想的本质中？那么你怎么知道还有其他的本质呢？从逻辑里吗？完全不是。逻辑本身只知道自己、只知道思维。因此逻辑的"别有"不是从逻辑中,不是以逻辑的方式,而是以非逻辑的方式推演出来的,也就是逻辑之所以转变为自然,只是因为能思维的人在逻辑之外还遇上了一个与他直接接触的存在,一个自然界,并且由于他直接的亦即自然的观点又不得不承认它。假如没有自然,逻辑这个童贞的处女永不能生出它来。

———

　　哲学对宗教是什么关系呢？——黑格尔坚决主张哲学和宗教,特别是和基督教的教义一致;虽然如此,他还是把宗教只当作精神的一个梯阶。现存的宗教诚然包含着不可计数的令人厌恶的和与真理不相容的东西;不应该较为一般地理解宗教吗？而哲学和它的一致不应该在于仅仅承认和剖白一定的教义吗？没有别样的一致吗？

———

黑格尔哲学对现代和将来的关系如何呢？黑格尔哲学作为思想世界不是过去的世界吗？它不是人类关于自己过去曾经如何，而今后将不再如此的回忆吗？

1828

博 士 论 文

De Ratione una, universali, infinita. [①]

一切人都一致同意，他们都在思考；思想不是什么特别的东西，并非为一部分人所特有而为另外一部分人所没有；人的基本的特征是他的思考；因此它是某种共通的和普遍的；理性是人类的人性，是他们——如果他们有思想——的类。那么在这里，类对个体、本质对存在、理性对思想着的主体的关系如何呢？或许一般像普遍对个体，譬如像一个鼻子对各个单独存在的鼻子的关系吗？每一个鼻子无非是单独的、独特的。然而鼻子的本质不是一种特别的东西；不是长或短，尖或扁，不是它是一个个别的鼻子，而是它是一个鼻子。除了它的特殊性和个别性，这一鼻子与别一鼻子之间，没有区别，但鼻子自身是不存在的；这是一个抽象，只存在许多

———

① 拉丁文。意为：论统一的、普遍的、无限的理性。——译者

不同的鼻子；在这里与其自身相同的本质只有观念，只有思想。每一个人是否如他有一个个别的、特殊的鼻子那样，也有一个个别的、特殊的理性呢？① 理性仅仅是抽象观念吗？不！我思考的时候，我自己构成思想主体的时候，普通性是作为普通性，理性直接地作为理性是在我身上真实地、现实地存在着。本质和存在在这里必须是一个不可分离的统一体，而且，在思维行为中，思维着的我作为个体对构成其本质的理性的关系，也必须不同于作为感性个体的我对类的关系。在思维中我是思维的纯粹本质，在思维当中普遍性和个别性的差别消灭了。理性是以其自身存在于个体中。假如是另外一种情形，那么理性便不再是理性，它便会落到感性本质的范畴中去。从理性中不能抽象出任何普通的概念，把它固定为类；它和其自身是不能分离的，它是自身的类、与自身的纯粹的统一；它的本质便是它的存在，他的存在便是它的本质。普罗提诺关于灵魂的话适应于理性，他说："灵魂不能分为灵魂一般和灵魂的本质；灵魂仅仅是纯粹的形式"，——神学家们所说的上帝和理性相适应。理性的本性不是感性的，它不是以感性形式存在，而是作为超感性的本质和普遍性的东西存在于其自身中，它存在于与自身的同一性中；它对现有的存在的关系是它对自己的关系。在作为理性的实现的思维中，或作为思维者，我不是那个或者这

---

① 当然人同样有一个理性，一如他有一个独自的鼻子，一个独自的脑袋。理性的同一只是组织的同一——这一同一，我们在思想和谈话中，必然规定为一种类的东西——因为语言是普遍的，这个同一是一种独立的，但同时我们不能忘记这个同一只是我们思维的产品。不过没有必要特别批评这里所陈述的思想，因为它们至少间接地包含在以后的作品中。——著者［这条注释费尔巴哈写于1846年。——俄文编者注］

个，也不是其中之一，谁也不是，不是那个或者另外一个人，而只是一般的人，不在别人之外，不与他们不同，——我只是作为感性存在物才是这样的，——但与一切的人是统一的，我即一切人，因为作为自身的统一，或者说，作为绝对的同一的理性，也就是一切人的统一，正因为它的本质和它的存在一样是一个统一体。理性的无限统一性和普遍性的感性表现便是语言。语言不把思想转变为某种普遍的东西，它只表明，它只具体表现思想本身是什么：不是我的思想，而是一切人的思想，至少是有这样的可能性。

1829—1831/32

逻辑学和形而上学讲义

于爱尔兰根（乞谅！①）

　　诸位先生！我向你们讲授逻辑学，但不像一般讲授的逻辑学，虽然我为了保持完整性起见，也准备把这种逻辑的历史观点向你们讲授一遍；我把思维的艺术解释为认识论，解释为形而上学；如此，我讲授逻辑学，像黑格尔对它所理解、所阐述的那样，但我所讲授的逻辑学不用他的术语，不用他的用语，而是按照他的精神，不是作为语言学家，而是作为哲学家讲述的；但同时我不像黑格尔那样，把逻辑作为绝对的、最高的、最后的哲学，而是把它作为哲学的组成部分讲授的；但是哲学的组成部分本身也应该是哲学，认识的

―――――――――――――

　　① 乞谅，是费尔巴哈对巴伐利亚反动堡垒爱尔兰根大学说的讽刺话。——俄文编者注

组成部分本身也应该是认识或者赋予人以认识的。逻辑在形而上学这一意义上是哲学迄今的历史的必然结果。所以哲学史的叙述也就是逻辑学的最适当的序言。

1830

论死与不死①

现在的主要问题是如何消除人类由来已久的关于彼岸和此岸的矛盾心理，以使人类能全心全意地把注意力集中于自己、现世和现在；因为只有这样专心致志于现实世界才能产生新生活和伟人，产生伟大的思想和事业。"新宗教"应该规定，它所要求的不是不灭的个性，而是能干的身心健康的人。对新宗教说来健康比永生更有价值。

世界只对那可怜的人是可怜的；世界只对那空虚的人是空虚的。心，至少一颗健康的心，在这里已经充分地得到满足。假如"新宗教"为人指定的目的依然是将来，依然是来世，那么它也就与基督教一样的虚妄。它便不是事业和思想的宗教——事业和思想只能在永恒的现在存在——而是感性和想象的宗教；因为只有想象是未来的器官。这种宗教不是前进而是后退，因为新教也早已用它自己的方式来调和宗教和现世间的矛盾。

世界史的戎车是一辆拥挤的戎车。假如一步来迟，便攀登不

① 1830年费尔巴哈在纽伦堡匿名发表了《论死与不死》，在这一部分里，他陈述了该文的简短的内容。——俄文编者注

上这辆车子;而且也只有当你摒弃一切古老的历史家具和器用,而只随身带上不可或缺的、最必需的、最重要的东西,才能在这辆车上得到一席座位。那些跟毕阿斯一起离开普里内,但是拖着家当的人也一定觉得毕阿斯是"抽象的和否定的"①。但哲学也只好和毕阿斯迁出普里内时一样轻装寡从地离开基督教。哪个人无力了解这一点,哪个人在准备放弃肯定的基督教的同时还要保存一些基督教的彼岸世界的表象,即使是作出若干修改,那么他最好也还是整个留在基督教中。

1834

幽默哲学格言②

和我的抽象的科学著作一起,应当——如果力能从心——携手并肩出现另外一些文章,这些文章,应当——如果能这样说——把哲学投入人类的心房;这些文章从生活中汲出,又直接重新突入生活。我心目中的是一种独特的体裁。这篇文章便是这种体裁在某些方面不太成功的样品。

---

①　费尔巴哈指的是纪元前六世纪希腊七贤之一普里内的毕阿斯的逸话。当他出生的城市被居鲁士的统帅们围攻的时候,居民们纷纷带上自己最贵重的财物逃走。只有毕阿斯一个人赤手空拳。居民们惊异地问他为什么这样走开时,他回答说:"我的一切都带在我身上。"——俄文编者注

②　1834 年费尔巴哈发表了《亚培拉和赫罗依斯,或作家与人》,是一部幽默哲学格言集。在这本书中他证明了肉体的不死是荒诞无稽的,只有精神的不死。精神不死是因为人在这里,在地上创造着永恒的东西,譬如作家在他的作品中达到不死。——俄文编者注

1834—1836[①]

日　记

宗教是初恋,是青春之恋,是自以为认识自己的对象就等于亵渎它的那种爱情。相反地,哲学是夫妇之爱,是丈夫的爱,这种爱情使丈夫占有和享乐自己的对象,但因此也就破坏了全部和初恋的神秘所俱来的美和幻想。

———

信仰基督——乃是说不因为一个人有某些缺点就怀疑他的善良的本质,不因为我们在个别人的身上所体验的可悲的事,就一般地不信任人。基督曾经是作为人而体现了人的本性。信仰基督便是信仰人。

———

人之所以有缺点只是为了通过这些缺点可以辨别并且促进与自己的缺点对立的德行。

———

人的缺点只是德行所构思的计划之败绩;这只是德行由于其力所不及的过高要求而归之于己的内疚。

———

习惯——这是德行的秘密。

————————

① 这些章节的一部分是后一些时期的东西,但按照其包含的观点,应该把它们放在这里。为了表明这些思想的特征,我把它们叫作日记。——著者

————

你指摘我的缺点吗？你这责人过苛的可怜虫！假如你真地要攫夺我的缺点，那么你也就会夺取我的德行了。

————

人们的缺点只不过是他们德行的微行，在某一个缺点后面也就隐藏着某一种德行。

————

著名的格言："最好的东西是好东西的敌人"——特别适应于我们的改进宗教和道德的理论。我们应该愈加完善，换句话说，就是我们应该愈加不完善。人的缺陷性也无非是他完善性的一部分。你认为是缺点的，从自然的观点看来是完善的。人把自己在德行中体现出来，自然则在缺点中体现自身。

————

缺点是自然对僵硬的道德律的反抗。

————

人类的缺点往往强似他们的德行。

————

我告诉你：你平生最大的错误便是你从未触犯过成规，从未犯过罪。

————

有的人，只有"罪恶"才能拯救他们，使他们自由。

————

错误和罪恶和人是如此不可分地结合着，是与生命的概念如此地交织着，以至按照我们的看法，没有错误和罪恶的人只是臆想中的人。生命之树同时也是认识善和恶的树,虽然不是在圣经中,而是在现实中。

———

莫为自己的缺点烦恼! 缺点是不成功的德行,即那种没有机会表现为德行的德行。

———

不论你们怎样口若悬河地侈谈人的虚荣心;人的本性也显露出与这虚荣心相违的更高尚的表现,譬如,我们把别人看作比我们自己更优秀、更完善,至少,当我们很清楚地觉察到他的优秀品质的时候。这就如此感动我们,如此震撼我们,以至我们觉得自己卑微渺小;我们觉得仿佛另外一个人把一切优秀的品质都攫为己有,除开还让我们相形见绌地感觉到自己的缺点而外,什么美德也没留给我们了。

———

对我们个人的错误,我们是最不可靠的公断人;因此我们只能用在朋友面前坦白错误来解脱那由于我们所犯的错误而引起的良心的苛责。而那重如泰山压在我们身上的过失,在他们看来也不过是轻似鸿毛而已。

———

在生活中理性是通过具体的人体现的;自我的理性体现在别人的身上。真理所以能展现在我们面前,并非由于囿于自身的自我,而是由于别人给予我们的启发。别人的爱告诉你,你是什么;只有在爱者的手上、眼里才有被爱者的真正的本质。谁要认识人,谁就必须爱他。

———

古代的哲学家似乎把爱看成了人与他的姘妇"自然"生的私生子，相反地，近代的哲学家就把爱看成自己的哲学的嫡出女儿了。女性被接受到精神的领域里来了；她变成了伦理学活体试验的提纲。

———

人的本分责成克己吗？何其愚蠢！人的本分责成享乐。我们理当享乐。克己只是规律中的一个可悲的例外。只有在万不得已的时候，人才应当克己。倘若实逼处此，而后把必然的处境看成当然的了，那无非是个聪明的办法。

———

索性毫无顾虑地听从你的本能和欲求罢，但这不是说某一个别的，而是说要听从所有一切的本能和欲求！如果这样，你也就不会沉溺于其中的任何一个。

———

没有一个生物是注定幸福的，但凡是具有生命的，正因为它活着，也就被注定要生存的。生命之生命便是爱。

———

"我跟你是不是会幸福的？"这个我不知道，我只知道现在因为没有你，我是不幸福的。但是，由于惧怕某一种或然而未必然的不幸，却忍受现存而确然的另一不幸，那是多么愚蠢啊！

———

凡是已经着手的事，也务必全始全终，不论结局将引你到何处，幸福或不幸，天堂或地狱。幸福是倘来之物，竟功则是必尽之责。

——

假如你不让树木长叶、开花、结果，它便会枯死。假如你不让爱表现自己，爱便会呛死于自己的血液中。

——

你可以无须证明你的信仰而实际上信仰上帝，因为你具有信仰只为了你自己，然而爱，你便不能不声明自己的爱，不来表白它，实现它，因为你具有爱不是为了自己，而是为了别人。

——

你试试继续否定那你只不过是在表面为了给别人看而否定的东西；最后你会在自己面前否定那一开始你只不过是在表面上、只不过是在别人面前所否定的东西。

——

人无对象便毫无价值。毋宁用自己的爱抓住一个极微末、极无价值的对象，强似利己地图于自己的自我之中。但只有真正的爱的对象，才能使人的真正的本质得到发展和表现。

——

你应该有信念，是的，应该有信念，但你的信念应该是：人类也要有真正的爱，人的心也能无限地、饶恕一切地爱着，而且相信人类的爱也可以赋有神爱的性质。

——

只有一个恶，那便是利己主义；只有一个善，那便是爱。

——

爱吧，但是要真正地爱！——这样，一切其他的德行也就会自然而然地归于你了。

———

什么叫爱？思维和存在的统一。存在是女人，思维是男人。

———

谁都渴望和已经死去了的、曾经爱过的人重新相会，如果没有这种欲望，那未免太无人性了。但这是彼岸世界的实在性的证据呢？抑或是证明我们已经在这个世界上饱受爱情，满足过我们的爱呢？那么，难道这不间接地证明，我们的所有一切正是在这个世界上吗？

———

我永远爱你！就是说我对你的爱只有在我的意识熄灭的时候才终结。

———

随我终结而终结的东西是永恒的东西。

———

只有爱给你解开不死之谜。

———

一如我们在想到我们的不死时所体验的快感不能证明这种永不灭观的真实性，我们在相反的思维中所体验的悲哀，也同样地不能证明这种观点的非真实性。其实，关于我们死灭的思想，也只有在我们对它还不习惯、还不熟习的时候，才是痛苦的。

———

当我们在感性上失去了一个可爱的人时所体验的痛苦，不是一种可怕的羸弱吗？并不！只有一个根本不愿意感到爱的苦恼和生活的悲痛的人，才是羸弱的。因此，我并不认为我曾经体验过爱的痛苦和忧愁，是可耻的，但同时，我仍然相信，我在本质上是一个哲学家;因为哲学家不仅必须认识事物,首先他应该感受事物。

——

不错,对不死的信仰,在女人是一种女性的信仰,但在男人身上则是一种老太婆式的信仰。

——

在生活中和在我的文章中,我所采用的方法是:按照每一个人所属的类,也就是按照他的本性了解他,从而,也只用适合于这一定的人的方法来教他哲学。真正的哲学家宛如医生,但应该是这样的一位医生,他依照病人自己的本性来看护他们,就是说使他们由于自身的力量自治自愈,以至病人也不觉察到他是他们的医生。

——

谁能使人了解一些哪怕是近在咫尺的事物,他也就在这个人的心中燃起了一盏光芒普照的明灯,因为光的特性就是照耀远方的事物。

——

真正合乎人情的教育方法,至少在动人的事物方面,是只阐明前提而使读者或听众自己的智慧来推出结论。

——

思维对知识的关系如何呢? 思维是前提,知识是结论;思维是原因,知识是结果。

——

过分自卑胜似过分自负。

——

好恶各异,莫可争论。有些人好为外秀于中之态,而另一些人则宁愿做到中秀于外之实。

————

永远不要把将来作为自己的思想和关怀的直接对象。理性地
享乐现在是唯一的对未来的理性的关怀。

————

父母们在自己孩子们的身上犯的最大错误是，他们往往用自己的
理性来逾越地干预孩子们的自然发展，想先验地建立孩子们的生活。

————

不要在不到时间以前作出决定。在时刻未到时作的决定无非
是你任意揣测，因而也是易于犯错误的产物，但是，在需要的压力
下作出的决定，就是你必须如此的，因而至少在相对的意义上是一
无差错的本质的产物。

————

不要抱怨人生短暂吧！这是神的诡计；神用这种诡计寻找走
向我们精神和心的道路，来为了别人，汲取出我们生命之精髓。是
精髓吗？不！这不过是一些快要腐烂的，如果不赶快排泄出去，便
有变成毒药之虞的东西。我们生命越短促，我们的时间越少，我们
就越发会有时间的；因为时间的缺乏，使我们加倍努力，使我们专
心致志于必需的东西，重大的东西，教导我们沉着、有进取心、机
智、果决。所以没有比推诿没有时间更坏的辩护了。没有比时间
能为人在更大的程度上使用的东西了。通常所谓的时间不足乃是
没有足够的愿望、力量、机警来打破自己日常的因循惯例。

————

"人能征服一切"——但只是当这个征服对他是必要的的时

候；如果他必需如此，他什么都能做。神圣的必然性！我乐于成为一个不自由的人，假如你能给我你的力量的幸福！

——

为什么成年的岁月比青年时代过的快？在青年时代我们常处在爱好和训诫的矛盾中。我们必须上学，违背着愿望坐在那里熬着时刻。我们苦恼地等待着课间休息，等待着星期天，盼望着学期结束。我们恨不得所等待的马上来到；我们的愿望引我们越过现在，进入未来；我们没有到达我们指望达到的地方；时间横躺在中间，隔离着我们；所以我们觉得时间长得不可忍受。相反，在成年的岁月里，星期日、假期、上课的日子及诸如此类在生活中具有特别意义的时日都消失了；一个思想跟着一个思想，一个事业跟着一个事业；虽然我们也暂时停歇一下，虽然我们也从事与我们的意志相违背的事业和劳动，我们在休息的时刻尚未来到之前，就想也不曾想它，因为我们没有工夫想到时间去；所以休息的时刻总是来得太早，这不是说，我们不愿意如此，只是就我们对时间的安排而言；但在青年时代这些休息的时刻总是来得过迟。

——

时间是诗的源泉。怀古的幽情，犹如利刃刺心，使诗人的文思为之而泉涌。过去往往显得最美丽；往昔闪映在回忆的幽光中；正因为过去只是想象的对象，所以它已经被理想化了。古代的历史到处仿佛是诗意的东西。而且最初的民间歌谣只是和那一去不返的时代和人物联在一起。

——

在空间中部分小于整体；相反，在时间中，至少在主观上，部分大于整体；因为在时间中只有部分是现实的，而整体只是想象的对象，因为现实的一秒钟，对我们说来是比想象中的十年更大、更长的一段时间。

———

奇怪的是，——虽然这很容易解释，——正是那些最少参与人类进步，甚至反对人类进步，自己的宗教和智力水平目前还停留在早已过去了的世纪的观点上，就是说那些最少表现完善化意向的人，——我指的是僧侣和神学家们——又比什么人更加强调，这种意向的满足，乃是来世生活的所以为必然之理由。

———

现代的斗争是何处来的呢？我们为什么激烈地反对那些要我们在宗教上转回到圣经中去，在政治上转回到历史法制中去的人？人类现在要求对他们的劳动的奖赏；他们不甘心于自己的思想、努力、战斗和苦难都毫无报偿；他们想享受自己劳动的果实。人家未能阻止我们的劳动，甚至还鼓励了我们去劳动，但现在却又想吞占我们的劳动报酬。

———

在作家这个职业中，最诱人的不是由于这个职业你得以闻名世界，而是由于这个职业你能认识世界，即使不是它的最优美的一面。

———

人们不是为自己，而是为别人写作。至少我自己绝不能给自己写东西。我所写的必须是直接地为某一个人或者给人类写的。所以我尽可能写得明白简洁。我不愿给别人增加麻烦。

————

你们把谢林称作"重生的"人！我不反对，但当心不要在他的成长过程中重复 Lepas anatifera 成长时发生的现象，不要随同脱掉的老皮连眼睛也一起脱去（布尔迈斯特[①]：《蔓足目的自然史》，1834 年）。

————

虔敬派教徒的上帝的行为完全和《瘸腿魔鬼》[②]中的那个外科医生一样，为了招徕顾客，自己先弄伤了人，然后再给他们医治。

1835

近代哲学史讲义[③]

假如人类想建立新时代，他们必须坚决地和他们的过去脱离关系；他们必须假设过去的一切等于零。只有在这样的前提之下他们才能得到从事新创作的力量和兴趣。任何对过去的依恋都会瘫痪人类活动力量的奔放。所以人类必须偶尔做得过火一些。人类必须不公正、偏颇。公正是一种批判行为，而批判只能跟在事情后面，却达不到事情本身。

---

① 布尔迈斯特（Burmeister，1807—1892）德国自然科学家。动物学教授。——译者

② 《瘸腿魔鬼》，1707 年法国作家勒萨日（1668—1747）写的讽刺小说。——俄文编者注

③ 1833 年费尔巴哈发表《近代哲学史》，这本书日后成为 1847 年版《费尔巴哈全集》第 4 卷。在这本书中费尔巴哈分析了培根、霍布斯、伽桑狄、笛卡尔、波墨、马勒伯朗士、海林克斯和斯宾诺莎的哲学体系。——俄文编者注

————

天主教徒把新时代称作堕落。当然,它曾和一切提出新原则的时代一样是堕落;因为旧的、现存的总是被认为是神圣不可侵犯的;但这不仅是"就其结果而言是神的慈悲的安排"的堕落,而且就其本身而言也是有利于人的堕落,因为它是必然的。而夏娃不外是感官和物质,她夺取了乐园中的人的天主教的纯朴,因为她引诱人从智慧树上摘下了禁果。新时代不同于中世纪的只是它把物质、自然、宇宙当作神的现实性或真理来颂扬、推崇,把神的绝对的本质,不是当作某种有别于世界的、彼岸的、天国的东西,而是当作一种真实的、与世界同一的本质来接受承认。一神论是中世纪的本质,泛神论是近代和近代哲学的本质①。近代的艺术和科学的一切伟大的发现和成就无不归功于这泛神论的世界观。事实上,人若把世界看成一种有别于神、被神排斥的非神圣的东西,他怎能由衷地热爱这个世界呢? 任何热爱,都是神化。

1836—1841

布鲁克堡村②

曾经在柏林,而现在在乡间! 何其荒诞! 但是不然,我的亲爱

———————————

①　当然,我只是在一般的意义上指出了泛神论是最新哲学和时代的本质。关于这个不甚明确的、一般的概念的进一步的规定和限定就是在以后的有关唯心主义的讲义中所叙述的。——著者

②　1837 年费尔巴哈最后移居安斯巴哈附近的布鲁克堡村,他的妻子是那里一家小瓷器厂的共有主。在这个远离文化生活中心的地方,他生活了二十五年。——俄文编者注

的朋友！你看，我在这里，在大自然的泉源上，又完全洗掉了那些由柏林的国家哲学撒在我脑子里的砂子——撒进脑子里倒是应该的，可惋惜的是，他们把砂子也撒进我眼睛里去了。逻辑学我是在一个德国的大学里学的，但光学——观看的艺术——却是在一个德国乡村中学的。

——

一个哲学家，至少是我所理解的哲学家，应该把自然看成自己的女友；他不只应该从书本上，而且应该面对面来认识她。我渴望亲自认识自然由来已久了。我终于能够满足这个要求该是何等幸福！诚然，这里的大自然是狭小的、贫瘠的，但莱布尼茨说得不完全正确吗？他说："当……人们在一切中看到无限的时候，在最微末的事物中，看不出自然中最雄壮的东西的相等的表现的时候，他们分别不清自然的富和美的界限。"

——

自然到处把最美丽的和最深刻的东西和在人类的意思下的最卑劣的东西联系起来。所以，只有那能够把自然的最卑下的要求和表现同思维的最高对象连结在一起的人，只有那甚至在动物的肚肠中还能找到"精神食粮"和思辨材料的人，才能和自然一同思维，才能遵循自然的方法。

——

一切抽象的科学都损坏人；只有自然科学把人还原于其本有的完整状态，吸住整个的人及其一切力量和感情。

——

古代人只有在见到感性征兆时方始采取行动，按照他们的看法,征兆是对于他们的事业的见证。在这个多神教的迷信中蕴藏着深刻的意义。在一切活动中,至少在批判活动中,我们必须不仅估计到自己的自我,而且要估计到别人,总之,要估计到外界。我们的任何行动首先必须是正当才能确认事业有成功之望;而事业只有当内外的条件互相配合,意志和命运、意向和外部的必然性一致的时候,才能证明是正当的。所以我从这里最后一次(在1836年)请求教授职位①,但这可以预料,是徒劳无益的。当然,看那时的征兆,吉凶也就不难预卜了! 从这个时候开始了我生活的新时代;现在我有权利做我感到我有能力做的事,现在我最深湛的愿望对我是外部的必然性,现在我能够忠于自己的天才,现在我不抑制自己,我可以自由地,不考虑任何事情,献身于"发展自己的本质"。

————

身体和灵魂必须经常在一起;精神上否定的东西,感性上也同样应该加以否定,否则生命便成为矛盾、虚妄。但难道在某一个大学里的生活不是与你的本质相矛盾的生活吗? 你的哲学能够和神学相容吗? 难道在我们的大学里哲学的责有攸归,不正是在它要充当神学的侍女吗?

————

饶我平安地活着罢! 只有在我鄙陋无名的时候,才算是何陋

————————————————

① 1836年费尔巴哈向爱尔兰根大学申请教授之职。该校副校长恩格尔加尔特回答他说,授予教授职的主要障碍是到处谣传他是《论死与不死》的作者。这位副校长建议他辟谣。费尔巴哈不愿背弃自己的思想,对这封信弃而未答。——俄文编者注

之有。

————

在目前，精神必须从国家中解放出来，一如它曾从教会中解放出来那样。现在只能以市民的死亡换得精神的不死。

1841—1845

《基督教的本质》①

亲爱的朋友！我对你说，假若谁有责任、有权利判决宗教，那便是我；因为我不但是从书本上，而且也在生活中研究过宗教，也不仅是从别人——他们把宗教的根源和影响在好的和坏的一方面都给我具体地教示过——的生活，而且也是在自己的个人生活上认识的。当宗教还没有成为我在理论上的对象之前，它已是我自己实践过的对象了。

————

只有在头脑中还苟延残存的东西，就变成成见，也就是最难摆脱的。但实际上与自己打成一片的、变成自己血肉的东西，就会消失，仍然被保存的不过是其内容而已；因为血不断地变换更新，不准有任何永久不变的东西。譬如直到如今在学者的头脑

————————————

① 费尔巴哈把他 1841 年至 1845 年间的哲学传记时代称作"基督教的本质"，采取了他的同名的一本书（出版于 1841 年）的名字。这本书受到极大欢迎，它是费尔巴哈哲学思想发展的里程碑。在片断的这一部分里，他指出这部作品和他以前的关于基督教哲学的作品有什么样的关系。——俄文编者注

里还有箭石①、菊石②和无数其他的怪物,这些东西早已从生活中消失,早已变成了较高级的动物的血和肉了。

"在上帝面前万人平等"。自然,如历史所显示的,在宗教里,开化的民族无异于蛮族,贤者无异于愚人,有学识的无异于庶民。因之,假如你不愿让卑微的、显赫的、有学识的和无学识的粗汉们都群起而侮辱你的话,那就对于揭露宗教秘密这一桩事还是守口如瓶的好。

——

噢,机智的批评家们啊!他们连我作品的形式还不了解,却想判断它们的内容了,他们没看到,当我照料自己的患者时,我遵循着顺势疗法,而我当作指南所采用的基本原理,我并不用语言,而是用行动,即只在事实上应用它们;他们看不见,我常常用否定的方法表现肯定的东西,又一般用间接的、暗示的、讥讽的笔调表示自己的意见,而且我自以为我最大的胜利正在于,我常把必然性的严肃改制成偶然性的巧妙轻装,把许多大开本书的内容轻妙地提炼到警句的馥郁里去,以至使一切哲学迂儒和有学问的庸夫非常不高兴。

——

我以前的观点,即《哲学和基督教》③的观点,对《基督教的本

---

　　①　即乌贼类的化石。德国民间称之为 Teufelsfinger(魔鬼的指头)。——译者

　　②　鹦鹉类的化石,因其形如角又称之为 Ammoushörner〔(埃及)太阳神之角〕。——译者

　　③　费尔巴哈的作品《论哲学和基督教对责备黑格尔哲学之非基督教性的态度》发表于 1839 年。——俄文编者注

质》这一书中的观点的关系如何呢？在前者我仅仅在基督教对其自身的了解上了解了它，在后者我在这种观点之外，同时也用我自己的见解，即在人类学的意义上解释基督教。但只体现着独一个人的神性的这个基督，和体现着一般人即每一个人的神性的那个基督就是在其意义上完全不同的两种基督。谁若没觉察到和没注意到这个区别，谁当然会觉得我的作品是一个无法解决的矛盾。

——

《路德了解下的信仰的本质》①这篇作品是捍卫路德呢，还是反对路德？这篇作品以同样程度保卫路德，也以同样程度反对他。但这不是矛盾吗？当然是的，但这是不可避免的矛盾，它包含在这题目的本身中。

——

爱的宗教是怎样的一种心理，怎样的一种宗教呢？是这样的一种：它可以使人在爱中找到自己感情的满足，解开自己生命的谜，达到自己生命的终极目的，从而，在爱中获得那些基督教徒在爱之外的信仰中所寻求的东西。

——

"你要尽心，尽性，尽意，尽力爱主你的上帝"。这是最重要的诚命。其次与之相仿的是："要爱人如己"②。但由此看来，当第一条诚命吸住我的整个灵魂和全部力量的时候，第二条诚命可以与

————

　　① 《路德了解下的信仰的本质》发表于 1844 年。在这部作品中，费尔巴哈以路德的例子，证明宗教的人本主义性质。——俄文编者注
　　② 均见《新约·马可福音》，第 12 章第 30—31 节。——译者

第一条相等吗？当我必须尽心爱神的时候，我的心给人还留下什么呢？

——

圣经中问道："人不爱他所看见的弟兄，怎能爱没有看见的上帝呢？"①而我问道：人若爱他所看见的弟兄，怎能爱没有看见的上帝呢？怎能把对感性的、"有限的"本质的爱和对超感性的、"无限的"本质的爱结合在同一颗心中呢？

——

只有真实的本质，只有感性的对象才能同样成为真正的爱的对象。把自己的心献给只产生于信仰即想象中的本质就是为了臆造的、想象的爱而牺牲真正的爱。

——

基督教是人的中世纪。所以现在我们依旧生活在中世纪的野蛮时期之中。但新时代分娩的痛苦最近正在开始呢。

——

"拿撒勒还能出什么好的么？"②——那些知识里手和大聪明人们总是这样看事物。但是好的、新的事物总是来自想不到的地方，而且总是不像人们所预料的那样。

——

人们轻视一切新的事物，因为它生自黑暗之中。这个黑暗是它的守护天使。新的事物虽然不现形迹，但日益有力。假如一开

———

① 见《新约·约翰一书》，第 4 章第 20 节。——译者
② 见《新约·约翰福音》，第 1 章第 46 节。拿撒勒为耶稣之故乡。——译者

始它便引人注意,那么旧的事物就会用尽自己一切力量来反对它,便会在新事物一生下来就勒死它。

————

政府所处的境况——这对人类是万分的幸运——往往和医生们所遇到的情况——可惜得很! 这对人类,真是个大不幸——颇为相像的了:当某种病毒正在萌芽——而在政府方面一切新兴的东西都算是病毒——的时候,它往往逃脱了他们的视线,可是要等到他们觉察出来了,这病早就入膏肓了。

————

宗教已无内在的生命力的最明确的征兆是什么呢? 就是世界的君主们都来扶助它,使它重新恢复元气。

————

只有当必须在事实上表现、证明人的真正的本性时,它们才显露出来。在大学的时候扮演了德国皇帝的人,如果真地做了皇帝,他就一定要扮演大学生。

————

"路德最初没有打算走得像后来所走的这样远"。但正好这样的道路是正确的。谁最初把在事物的发展上只能是不从心的、不由己的结果作为自己的目的,谁就不能达到目的。

————

只是那意识不占先,而意识随其后的功绩才是真正历史的功绩;在这些功绩已经完遂之后,其目的和意义才显露出来。

————

"你们可以走到某种一定的界限,但不许越它一步"。多么荒谬的预防！你就让我们走好了，你可以相信，我们不但是要走，而且也会坐的。你的事情是允许我们动；但给这个动划定界限，就是生活和历史的事情了。

——

没有比承认改革的需要但又把实行改革的权利划归给世俗法和教会法再愚蠢的事了。某一个红衣主教曾谈起路德说："我本来还能够迁就他的学说，但是来自不知名的角落的改革，却是不可忍受的。"可是呢，我亲爱的红衣主教先生！从红衣主教之中只产生罗马教皇，而不产生改革家。宗教改革总不以最好的法律形式产生，而总是以独特的、突然的非法方式出现。谁具有足以推动一种改革的才智和勇敢，谁就难免是篡夺者。每一次宗教改革都是精神上的暴力行动。

——

智慧能使人写作，但创造历史的是热情。所以新事物对旧事物的态度总是不公平的。记录史实的人有足够的空闲，而且也有任务，公平地对待一切事物，也包括旧的在内；但创造历史的人却不然。只有当事业早已完遂了的时候，"纯粹的"、公正不偏的智慧、历史的良心才会觉醒。人在思维的时候，可以不偏不倚，不得罪任何人，因为思维所需要的只是一个脑袋；但行动时，则非动起全身来不可，非撞伤在你周围的人不可，即使你撞伤他们是违背你自己的意志的。

——

你不能从历史中认识现时；因为对你说来，历史只显示一个现象和另外一个已经过去了的现象之间的相同之处，而不是它的特

点,不是它的个性,不是它的与众不同之处;现在只能直接通过它
自身被认识的。只有当你自己不是已经属于过去,而是属于现在,
不属于死的事物,而是属于活的事物时,你才了解现代。

———

"人类必须有信仰"。当然,但并不是你们所说的信仰。我们
这些不信神的人也有信仰,只是我们所相信的,与你们,信徒们!
恰好是相反的东西。

———

人类向来由自身决定,向来只从自身汲取理论的和实践的原
则。所以,怎可以想象,仿佛你在圣经中有某种"积极的、永久的、
不变的东西"? 圣经中不得更动一个字,但圣经的意思是可以变动
的,一如人类意思之可以变动一样。每一个时代,从圣经中只看到
了自己;每一个时代都有一部自己特有的、自制的圣经。

———

"新教义虽然是真理,但不实际,不是为了人民的。"这样说,你
只证明:你和新学说间还有分歧,对你来说它还是理论上的而不是
通行的真理,它还未占有你的整个本质。假如有某种东西,对你自
身是本质的,它便使你坚信它有朝一日同样会成为全民的事业,当
然,按照自己的方式。

———

"人类与我何干! 德国精神——这就是我们的口号。我们是
德国人并且愿意是德国人。"我不反对;但为什么你们的爱国主义
只反对从基督教中得出的结论,反对人类,而不反对基督教本身
呢? 基督教不教导我们上帝和德国佬是一体,而教导我们上帝和

人是一体。

———

通常人们在实际上如此与理论上的他们相反，以致莫若把对人的憎恶，而不是把对人的爱奉为教条和信条。现在人在宗教上，即在理论上互爱，但在实际上则互相憎恨；或者他们，在那个时候，相反的，在理论上会互相憎恨，在生活中互爱。

感性的行动是异教的本质；"精神"，即抽象的词是基督教的本质。归根到底神的语言不外是语言的神性，而圣书不外是书的神圣性。这种"基督教的本质"只有"深信基督教"的德国人才能明白而且予以实现。因此德国人，虽然什么都能做，什么都有，但只在语言上如此，而不是实际上如此，只在思想上如此，而不是在感性上如此，也只是在精神上如此，而不是在肉体上如此，总而言之，一切都是纸面上的，而不是现实的。

1843—1844
《哲 学 原 理》

我的第一个思想是上帝，第二个是理性，第三个也是最后一个是人。神的主体是理性，而理性的主体是人。

———

"对上帝的敬畏是智慧的开端"，而不是其终结。

———

"客观精神！"是什么呢？是我在别人面前呈现的精神，是在我作品中体现的精神。但这个客观精神不是主观精神吗？这不是我的精神,这个人的精神吗?难道按照一个人的作品我不能认识他吗?难道当我读歌德的作品时,我不读歌德吗?

———

人是从哪里来的呢?先问问人是什么吧!你若弄清楚他的本质,那么他的起源你也明白了。是什么的问题是成年人提的,从哪里来的问题则是小孩子提的。

———

"能够把人从自然界抽出来吗?"不能!但直接从自然界产生的人,只是纯粹自然的本质,而不是人。人是人的作品,是文化、历史的产物。许多植物,甚至动物在人的培育之下发生了如许的变化,以至在自然界根本找不到它的原形了。那么你想要解释它们起源的时候,还要求助于神力吗?

———

我们关于自然的知识的空白和这种知识的限界是源自何处呢?它们可以解释为,知识既不是自然的根源亦不是它的目的。

———

"科学不能解决生命之谜。"就算是这样,但从这里能得出什么结论呢?那么你要信神吗?那就是甫出龙潭又入虎口?那么你要走向生活,走向实际吗?理论所不能解决的那些疑难,实践会给你解决。

———

"从自然界怎样能够产生人呢,——换句话说,从物质怎样能产生精神呢?"首先回答我下面的问题:精神怎样能产生物质呢?如果你对于这个问题找不到答案,我是说至少还有点道理的答案,那么你便会明白只有反面的问题可以使你达到目的。

———

　　"人是自然界最高级的生物,所以当我想要弄清楚自然的起源和进程的时候,我必须从人的本质出发,以人的本质为基础"。一点不错,不过正如人的"聪明逐年增加",物质先于精神,无意识先于意识,无目的先于目的,感性先于理性,热情先于意志。

———

　　"你径直地由人出发。"——这一点你有什么权利来责备我呢?遗憾的是,我只通过人的否定才达到人。只有在我知道了而且证实了那与自然有别的、被设想为人的根源的本质终究还原于一种以人自身为其根源和前提的东西之后,我才由人出发的,因之,我对人的断定绝不是确言判断,而是由"否定的否定"间接地引申出来的。

———

　　你知道你只有在什么时候,是不用前提来从事哲学的思维的?只有当你不是用类似思辨哲学的想象的、空幻的方法,而是实际地和真实地使经验先于哲学、直观先于思想的时候才如此。

———

　　谁有意识地、故意地不以任何东西为前提,谁就正是把应该先给我们证明的事无意识地当作真理了。只有当一个人的研究结果与其本来有意识地确定的前提直接对立的时候,这个才算是一个按照发生论的方法思维的人。

———

　　第一个同样必须是最后一个;完全正确,——正因为如此,假如你实际上而不仅仅是形式上从直观开始,你最后一定还要回到直观。

———

我的"方法"是什么呢?是借助人,把一切超自然的东西归结为自然,又借助自然,把一切超人的东西归结为人,但我一贯地只把明显的、历史的、经验的事实和例证作为依据。

———

我的原则是什么呢?在于自我和另外一个自我,在于"利己主义"和"共产主义",因为两者一如头和心一样,彼此不可分割地关连着。若没有利己主义,你就没有头,若没有共产主义,你就没有心。

———

你的第一个责任便是使自己幸福。你自己幸福,你也就能使别人幸福。幸福的人但愿在自己周围只能看到幸福的人。

———

你若干脆否决"利己主义"即自爱,你就应该贯彻始终,把对别人的爱也否决掉。爱便是希望别人幸福,使别人幸福,从而也就是承认别人的利己主义是合法的东西。那么为什么你想要在你自己身上否定那你在别人身上所承认的东西呢?

———

我的第一个愿望是使哲学成为全人类的事。但谁若一旦走上这个道路,谁就必然会得出这样的结论:哲学应该把人看成自己的事情,而哲学本身,却应该被否弃。因为只有当它不再是哲学时,它才成为全人类的事。

———

以前对我说来,生活的目的是思维,而现在生活对我则是思维的目的。

———

真正的哲学不是创作书而是创作人。

———

没有任何宗教便是我的宗教;没有任何哲学便是我的哲学。

———

你问我,我是什么? 等到没有我的时候你便会知道。

论"哲学的开端"

刘磊　译

"哲学同现实科学不同的地方,就是它的对象不是与定了的,它没有思考自己的对象的现成的原则和方法。哲学没有前提。无前提就是哲学的开端,就是使哲学有别于其他一切科学的那个开端。这种无前提性也是哲学概念在哲学的开端中所采取的那种形态的哲学概念。""以某种东西为前提,就等于把某种与定的东西当作进一步考察的基础。"在莱伊夫的著作《论哲学的开端》中就是这样给哲学的开端、哲学的第一个概念下定义的。但是这个定义丝毫不像它在这里被毫无保留地假定的那样是绝对可信的、自由的、无前提的。如果说"现实科学"归根到底将归结于一定的存在,那么无论如何它们的对象和方法总是某种与定的东西,但并不是当它们还处于形成过程中时就与定了的。一般说来,科学的任务决不是"扬弃"对象,天晓得! 而是把不是对象的东西变为对象。当然,不是对象的东西,也就不是与定的东西,因此任何科学的开端都是没有始期的、没有基础的。什么是非对象的东西呢? 一切存在着的东西,——即使是感性的、最平常的事物,当它是切身利益或流行观点的客体时,就都不是科学的对象。空气是一个最有教益和最富趣味的例子。对我们说来,空气是最重要的,也是跟我们最切近、最不可避免、最有说服力和最摆脱不掉的外部介质。虽然如此,当物理学家和哲学家还没有把空气当作自己的研究对象的时候,我们为了了解它的基本特性、它的重量和膨胀能力,曾经花费了多少时间! 因此,再没有把"彼岸的精神世界"以及类似的事物或幻想说成非对象的、不可捉摸的和神秘的东西更荒谬的了。当人们对大气界还一无所知的时候,当人们与其说生活在这个世界毋宁说生活在另一世界的时候,当人们较之对地上的珍宝更加熟悉天上的珍宝的时候,精神世界早就对人们敞开了。恰恰是对人说来最切近的东西,看来却成为最辽远的东西。正因为最切近的东西在人看来是不神秘的,它才对他说来始终是个谜;正因为最切近的东西总是某种对象,它才在他看来从来不是对象。

　　因此,绝对的、哲学的活动,就在于把不是对象的东西变为对象的东西、不可理解的东西变为可理解的东西,换言之,即把切身利益的客体提高为被思维的对象、知识的对象,——这也就是哲学、一般知识赖以存在的那个活动。其直接的结果就是这样一种情况,即哲学的开端构成一般科学的开端,不过完全不是同现实科学知识有别的特种知识的开端。甚至历史也证实了这一点。哲学是科学的母亲。不管是古代还是现代,头等的科学家都是哲学家。固然,我们对之进行分析的这一著作的作者也指出了这一点,但不是在哲学的开端(如理所当然地),而是在哲学的结尾。实际上,如果哲学知识和经验知识的开端与同一活动吻合,那么显然地,哲学的任务就在于,从一开始就记住这个一般的起源,从而不要从与(科学)经验的差别开始,而毋宁要从与这个经验的同一出发。纵令哲学随着发展而划分出来,但是只要它是从独自性开始,那么它在最后也永远不会如所期望地与经验合一,——因为由于它的独立的开端,它永远也不会超出个别科学的地位,它始终是那种害怕因碰一下经验的武器就失掉自己尊严的谨小慎微者的臆造的行为;仿佛天启的工具和真理的武器只是鹅毛笔,而不是天文望远镜,不是矿物学的焊管,也不是地质学的锤子和植物学家的放大镜。当然,这是非常狭隘的、微不足道的经验,如果这种经验没有达到哲学的思维,或者根本不想提高到哲学的思维;但是,不依赖于经验的任何哲学也是同样狭隘的。那么哲学应该怎样接近经验呢? 是不是哲学只掌握经验的结果呢? 不。只有哲学把经验的活动也看作哲学的活动,承认视觉就是思维,承认感官也是哲学的工具。近代哲学与经院哲学不同的地方,正是在于它把经验活动同思维活动重新结合起来,正是在于它与脱离实在事物的思维相对立,提出了研究哲学必须依靠感觉的论题。因此,如果我们回归近代哲学的开端,在我们面前就将有一个哲学的真正开端。哲学不是在自己的路途的终端达到实在,而毋宁是从实在开始的。只有这条路,而不是作者根据费希特时代以来的思辨哲学所指出的那条路,才是唯一自然的,亦即合理的和正确的路。精神后于感觉,而不是感觉后于精神:精神是事物的终端而不是开端。从经验到哲学是必然的,而从哲学到经验则是任意的造作。以经验为开端的哲学永远是青春的,以经验为终端的哲学则终将衰老、疲沓、自己成为自己的累赘。事实上,当我们从实在开始并忠实于实在的时候,哲学对我们说来就总是一种需要:经验在每一步上都背叛我们,从而迫使我们求助于思维。因此,以经验为终端的哲学会趋于衰朽,而以经验为开端的哲学则无限地发展。后者永远有着思维的材料,前者则灵智终将趋于枯竭。以没有实在性的思想为出发点的哲学,必然以异于思想的实在性告终。如果有人责备写这段话的人,说他所表述的这个思想是经验主义,他也根本不会反对。从他这方面来说,从非哲学开始而以哲学告终,无论如何要更加光荣和合理,而不是相反地,像某些"伟大的"德国哲学家——我对他们的含蓄的称呼——那样,从哲学开始而以非哲学告终。其实,从经验到哲学的道路也可以思辨地加以很好的论证。就是说,如果毫无疑问,自然界是精神的基础——不是因为自然界是黑暗而精神是光明,像神秘理论所说的那样光明只产生自黑暗,毋宁是因为自然界本身就是光明,——那么自然界是有客观根据的开端,是哲学的真正的开端,也就毫无疑问了。哲学必须从自己的反题,从自己的"他我"开始,否则开端将总是主观的,将总为自我所吞没。无前提的哲学就是以自我为前提,从自我开始的哲学。

　　说得明确些,莱伊夫是这样把自我、"纯粹自我"当作哲学的无所假定的开端提出的:"与定的东西本身既然一般地是被设定的,所以自我是与自我有别的某种另外的东西。但自我并不是作为某种另外的东西被设定的,而是自我本身把与定的东西区别为与自己殊异的东西,他自知与这个殊异的东西有别;他申明,与定的东西不是自我,而是与自我有别的某种另外的东西。这只有通过区别被设定的东西的活动才是可能的,因为靠了这,我才能假定与定的东西是有别于它所是的某种殊异的东西,即自我。这样,与定的东西就消失了;它成了某种殊异的我。这不过是在区别活动中被设定的另一个我。"但是,难道说这个与事物划清界限的、把一切有形的东西假定为某种与自己殊异的东西、从而把它化为乌有的自我,不是假定的自我吗? 这个自我不是至少是特殊观点的自我吗? 这个观点是无条件必要的、绝对的观点吗? 是想要成为哲学的哲学都必须由之出发的观点吗? 客体就只是客体,而不再是其他任何东西吗? 无疑地,这是某种殊异的我,但我是否无权相反地说:我是某种殊异的东西、是客体的客体,从而客体也是我呢? 我怎样才得以假定某种其他的东西呢? 只有这样:我对客体说来和客体对我说来是一样的。但是,我承认这一点,当然,只是间接地通过把自己的受动式变为主动式。其实,把自我变成批判的客体的人承认,我自愿地假定客体,实际上不过表明客体强制地假定我。如果用同样的抽象方式继续推论,那么可以这样说,如果客体不仅是某种被假定的东西,而且也是自我假定的东西,那么由此可以看出,否定并从自身排斥客体的无所假定的自我,不过是主观的自我的前提;客体抗议这个前提,从而这个无所假定的自我完全不是演绎之普遍的、有价值的原则,像作者所设想的那样。因此,如果说自我依赖的、实质上从一开始就意识到自身的哲学,把回答这样一个问题看作自己的重大利益,即我怎样达到承认世界、达到承认客体;那么具有客观结构的哲学,因为它是从自己的反题开始,就将给自己提出这样一个远为有趣和有益的相反的问题:我们怎样达到承认提出这样问题并能够提出这样问题的自我?

无可争论的是,没有任何东西能产生于自我,也没有任何东西能浸透自我,在自我中不会找到这种根据,至少不会找到这种产生的前提。而因为任何外部的规定归根到底都同时是自我规定,所以对象本身不过是成为对象的自我。但是正和自我在对象中得到证实完全一样,对象也在自我中假定并表明自己。自我在对象中的实在性,同时也是对象在自我中的实在性。要知道,如果一切都被归结为客体的印象,像冷酷的唯物主义和经验主义所假定的那样,那么畜类也可以成为物理学家,甚至必须成为物理学家了;如果把一切归结为自我,那么其他与自我有别的、存在于自我之外的实体,就会不能从同一对象得到同样的、与我们的印象类似的印象。不消说,给予自我的印象,"不同于蜜蜡上的指印",而蜡印又不同于滑石粉、石灰或其他任何物体上的印痕。滑石粉是松软的,但不像蜜蜡那样柔韧;然而想用手指掏开坚硬石灰的任何尝试则要遭到它的顽强抵抗。我所以能够按压蜜蜡而不遭到抵抗,而只是得到涂抹和粘着的印迹,就是因为它的受动性;相反地,我所以按压石灰必得要感到弹力,则是因为它的像岩石一样的强力的抵抗性。德奥弗拉斯多就曾在他的岩石研究中指出:"不同的岩石必须用不同的方法加工"。同样地,赋有不同的个性的人们,不想并且也不能发生这样一种关系,仿佛他们完全是从一个楦子里楦出来的。

总之,不能把事物的生命力和个性所固有的、从而既鼓舞着非我又同样鼓舞着自我的一切东西,归之于我们的自我的才干和全能。引诱属人的自我抛掉冷酷的形式主义的枷锁而走向自由的春日阳光的温暖,也同样召唤蜥蜴和赤练蛇从它们的洞穴走向世界。Stapelia hirsuta① 不仅为我们,而且也为食尸蝇散发着腐尸的气

① 北非所产萝摩科的一属,无叶而多肉,花美丽,色铅紫或带黄,作星状而有恶臭,直径有达一英尺者。——译者

味,否则食尸蝇就不会被这种气味所诱惑而把自己的卵信托给它了。不抵抗光线射入的水晶,因此在我们的视线看来也是透明的,并且使我们的眼睛感到极大的舒适;对我们的触觉说来几乎没有重量的蜜蜡,给予水的压力也极其微小,而能够直沉水底的沉重的石灰石则能把我们也压倒地上。如果自然界只是替我们施展魔力,——噢,那时我们将是怎样地幸福啊!那时候,任何赤练蛇或蜡蚜虫都不会再破坏我们的蜂房,象鼻虫不会再糟蹋我们的庄稼,白菜虫也不会再吃光我们的菜园。但是,对我们说来是香甜可口的东西,其他生物也是爱吃的。眼泪就是因为这个才流的。

　　难道,由于我们跟象鼻虫和白菜虫发生了角斗和竞争,我们人类就不再屑于有味觉和嗅觉吗?难道,味觉、嗅觉以及一般的感觉不应该是我们所固有的,而只应该是异于我们并低于我们的生物的属性吗?但是,如果你的眼睛瞎了,耳朵聋了,味觉和嗅觉也不灵了,你不会在肉体上和精神上感到最大的软弱和不幸吗?难道你不会在一天里面成千遍地悲痛地叫喊?——噢,归还给我,我的感觉!你不是因此就等于公然承认并宣布:你的感觉是你的自我的财产;你,在我说来的你,——你自身,而不仅是你的身体,——如果没有感觉或只有不完善的感觉,就将是可怜的残废者?难道,这个因失掉这些感觉而变得残缺不全的自我,——例如,你的自我或者,至少,我的自我,——作为一个承认因失掉自己身体的一部分而失掉自我的一部分的诚实的人,还算是一个思辨的自我吗?但是,这个思辨的自我将是怎样的一种自我呢?如果这是有别于实在的自我的自我,那末还能够谈到"一般的情感、爱好和感觉"吗?如果这个自我想要否认它跟经验的自我的亲属关系,它还能保持"自我"这个称呼吗？难道这个思辨的自我，除了它是任何称自己为自我的人都可以把它理解为扬弃了一切局部的、非本质的经验要素的那样一种自我以外，会极力同我们的经验的自我没有任何其他区别吗？但是，显然地，身体不能算作这种局部性和偶然性。这样一来，思辨的自我就也具有身体，至少是思辨的身体；因为，我们只承认自我有必然和偶然的区别，而不承认身体有必然和偶然的区别，是不可理解的；从而，我们不能像自我那样使身体也摆脱一切不合时宜的和偶然的东西，也将是不可理解的。

自我是有形体的，这只是等于说，自我不仅是某种能动的东西，而且也是受动的东西。我们要从自我的能动性中引申出这种受动性，或者要把这种受动性想象为某种能动的东西，都将是荒谬的。相反地，自我的受动的状态是客体的能动的方面。正是因为客体是能动的，我们的自我才是受动的，——不过，自我不必耻于这种受动性，因为客体本身也构成我们的自我的内在本质的属性。

但是正因为这个原故，所以想把自我的一切规定看作和描述为它的纯粹自我规定的愿望，是极端片面和偏颇的，而且这也将是完全不能实现的。恰恰是自我本身的力量完全不能胜任自我的一切要求；因此，不管愿意不愿意，自我必须从客观世界或自己的身体借用它所缺乏的手段。例如，自我从心理学学到的"体温感觉"完全是从身体上发生的，但是这怎么能和只是从本身吸取一切的自我一致呢？体温的骚扰射击怎样会打中"只是聚精会神于本身的自我的诺斯替教的沉默"呢？是不是因为与外界温度的易变性相反，体温证明了自己的独立性和自主性呢？但是这种独立性也是有它的限度的，这个限度马上就会向我们提醒主体和客体的不可分离性。赤道上的人们，当体温接近四十度的时候就会突然死去。或许，一般地说，物质的物体是那样地与自我一致，以至自我可以从本身吸取它从身体吸取的那个东西吗？但是自我根本不是"依靠本身"，而只是依靠作为有形实体的自己，从而，依靠身体，而"对世界敞开"的。与孤独的自我相反，身体是客观世界。靠了身体，自我不再是自我，而是客体。是有形体的，就意味着是被包括进世界的。有多少感觉，就有多少毛孔、多少隙缝。身体不是别的，正是多毛孔的自我。难道只有体温感觉才是自我所固有的感觉吗？什么是没有体温的感觉呢？如果我从对象或感觉的内容或自我的活动被抽象出来，那么一般地说还剩下什么呢？当我隔绝被感觉的对象，隔绝光，那么我怎么能，例如，把视觉或视觉活动归之于自我，怎么能把感觉归之于心理学，又怎么能对被感觉的对象进行判断呢？要知道，视觉首先就是光的感觉或知觉，是对一般明亮的东西的感觉。眼是"光的感官"。没有光的观看等于没有空气的听闻：视觉是对光的享乐。

　　诚然，可以把自我变为演绎的普遍原则，——不消说，这是与我们用来同概念或费希特时代以来的"自我"一词相联系的那个意义相反的。但是，只有当我们揭示并证明在自我中有非我存在，揭示自我中的差别和对立性，才能够进行这样的演绎；因为，一个劲儿地叨念永恒的自我等于自我，是绝对做不出任何事情来的。可以由之抽出音乐的音调的自我，是与由之产生逻辑范畴、道德律或法律的自我完全不同的另一个自我。但是，在这种情况下，就会只有心理学是先行于其他一切科学的原始的、普遍的科学，并且它将只有一个任务——使自我低头，以便从自我的各种关系中演绎出本身不同的各种原则来。因此,像莱伊夫所做的那样,把心理学变成一门特殊的科学和从它仅仅抽出抽象的科学;逻辑和形而上学,是完全不适当的和荒谬的。其实,身体、肉体是必然与自我相联系的最本质、最根本的对立物。主要的形而上学原则是植根于精神和肉体的冲突中,而且仅仅植根于这个冲突中,先生们!只有这个冲突才是万有的秘密、世界的基础。是的,肉体,或者,如果您愿意,身体,不仅具有自然史的或实验心理学的意义,而且在本质上也具有思辨的、形而上学的意义;因为,如果身体不是自我的受动的要素又是什么呢?如果没有受动性的原则,您又怎么能从自我推演出意志甚至感觉呢?没有抗拒意志的东西,就不可能有意志。并且,在每一个感觉里面,除了受动以外再无活动,除了肉体以外再无精神,除了非我以外再无自我。

改革哲学的必要性

千山　译

属于与以前的哲学同一时代的新哲学；这是一回事，人类的完全新的时期的哲学，这根本是另一回事；换句话说，只是由于哲学的需要而产生的哲学，例如与康德的哲学相比较的费希特的哲学，就是这样的哲学，这是一回事；适应人类的要求而产生的哲学，这完全是另一回事；属于哲学史，并且只是通过哲学史间接地与人类的历史发生联系的哲学，这是一回事；而直接构成人类的历史的哲学，这是根本不同的另一回事。

因此试问，是否有变更、改革、革新哲学的需要呢？同时，如果改革是需要的，那么怎样才可能呢，应当怎样进行这种改革呢？是按以前的哲学的精神进行改革呢，还是按新的精神进行改革？这里是谈的类似以前的哲学，还是谈的在本质上不同的哲学？这两个问题又取决于第三个问题：我们是站在新时代、新的人类发展时期的大门之前呢，还是仍然在老路上蹒跚？如果我们只是从哲学的观点来对待变更的必要性问题，那我们未免把问题提得太狭窄了，那我们只不过是为普通小学生的争论提供材料。这完全是多余的。

只有那种适应时代的要求，符合人类的利益的哲学变革才可能是不可避免的、真正的变革。诚然,在世界历史见解低落的时代,各种需要是互相矛盾的:某一些人的需要是在于保持旧的,驱逐新的,另一些人的需要则是使新的得以实现。时代的真正要求是在哪一方呢?是在那预示未来、包含进步、作为未来的需要的一方。保持旧的这种需要是人为的、勉强的需要,这是反动的。黑格尔的体系是各种不同的已有的体系的任意结合,是含糊暧昧的结合,——没有肯定的力量,因为缺少绝对的否定。谁有勇气做绝对的否定,谁才有力量创造新的。

　　人类的各个时期的彼此不同,仅仅是由于宗教上的变迁。某一历史运动,仅在它深入人心的时候,才会达到自己的深处。心不是宗教的某种形式,因而说宗教也应当在心中;心乃是宗教的本质。现在试问,我们之中真的发生了宗教革命吗?是的,我们不再有心,不再有宗教。基督教被拒绝,甚至也被那些表面上还保持它的人们所拒绝;但他们不愿公开宣布说基督教被拒绝。他们是由于政治的理由而不愿承认这点,使之成为秘密;醉心于有意或无意的自我欺骗;甚至把否定基督教冒充为基督教,基督教变成为有名无实的东西。在基督教的否定中他们做得太过火了,以至抛弃了一切肯定的指导原则,无论是象征性的书籍,无论是教会的神父,无论是圣经,都不承认是基督教的准绳;仿佛并不是只有那有一定的准则、一定的中心、一定的原则的宗教才算是宗教。这是否定形式的保留。这是一种什么基督教呢?如果我们不再有遗训,我们从何知道宗教创始人的意志、精神?这就等于不再有任何基督教。所有这些现象都不是别的,而是内心颓废、基督教衰败的标志。

　　基督教不再能满足理论家,也不能满足实践家;它不再能满足灵魂,也不再能满足心,因为我们的心有完全不同的兴味,并不是永恒的天堂幸福。

以前的哲学属于基督教衰败和否定基督教的时期,当时,以肯定的形式保存基督教的愿望尚未消失殆尽。黑格尔哲学以表象和思想之间的矛盾为借口,把对基督教的否定掩盖起来;换句话说,黑格尔哲学在肯定基督教的同时否定了基督教,用指出基督教在其原始的和完成的形态之间的矛盾来把对基督教的否定弄得暧昧不清。原始的基督教是不可避免的;这里是没有什么纠缠不清的。而且宗教在它保存着自己原始的本源的意义时仍将继续存在。最初,宗教是火、毅力、真理;一切原始的宗教都是严格的,绝对谨严的;它逐渐疲惫了,削弱了,荒芜了,成为冷漠的,而且遭遇到任何习惯所遭遇到的命运。为了调和脱离宗教的实际情况和宗教的矛盾,为了掩盖它,就要利用传统或改变古老的圣书。犹太人就是如此。基督徒采取这种办法,他们在自己的神圣的文献中,加进和这些文献绝对抵触的思想。

基督教被拒绝了——在精神里和心里,在科学中和生活中,在艺术中和工业中都被拒绝了,被切切实实地、不可救药地、坚决不移地拒绝了,因为人们接受了真实的、人类的、不信神的思想;这样一来,基督教就失去了一切抵抗的力量。至此以前,否定是不自觉的,只是到现在,这种否定才被理解,才开始希望这种否定,开始力求这种否定,特别是,基督教开始成为政治自由这种现代人的迫切需要的障碍。对基督教的自觉的否定打开了新的时代,引起了产生新的、坦率的哲学,非基督教的而且激烈地反基督教的哲学的必要性。

哲学占据了宗教的位置;但正是由于这个缘故,所以另一种完全不同的哲学也就踏上旧哲学的位置。以前的哲学不可能代替宗教；它是哲学，但不是宗教，在它里面没有宗教。宗教的独特本质是在哲学之外，哲学只追求思想的形式。如果哲学应当代替宗教，那么，哲学当成为哲学时，就应当成为宗教，它应当以相应的形式包括构成宗教本质的东西，应当包括宗教的长处。

对另一种本质不同的哲学的需要还可以从这里看出，即以前的哲学的类型是以其完成的形态立于我们面前的。因此，与其类似的一切都是多余的；按旧哲学的精神所宣扬的一切，纵使某些定义已经并不相同，也是多余的。各人的上帝是可以理解的，是可以用各种方法来论证的，——所有这些我们都已经听够了；现在所有这些都与我们无关了，神学对我们来说已经够了。

哲学的本质特点是与人的本质特点相符合的。信仰的位置现在已为无信仰所占据，圣经的位置为理性所占据，宗教和教会的位置为政治所占据，天的位置为地所占据，祈祷的位置为工作所占据，地狱的位置为物质需要所占据，基督的位置为人所占据。不再彷徨于天上的神灵和地上的主人之间的人，一心一意转向现实的人，跟那些生活在混乱中的人比较起来乃是另一种人。对我们来说是自然的、千真万确的东西，对哲学来说却是思维的结果。因此我们需要符合这种自然性的原则。如果人实际上占据了基督的位置，那么人的本质也应当在理论上占据神的本质的位置。简言之，我们所要求的应该以最高的原则集中起来，用最崇高的语句固定下来，只有用这种方法，我们才能神化我们的生活，只有这样我们才能给我们的愿望找到理论根据。只有这样，我们才能摆脱现时毒害我们心灵的矛盾，摆脱在我们的生活、思想和与这种生活、思想绝对抵触的宗教之间的矛盾。要知道,我们必须仍然成为信宗教的人,——政治就应当成为我们的宗教,但这只有在这种情况下,即在我们的观点中有把政治变为宗教这种高尚的东西的情况下,才有可能。

可以本能地把政治变为宗教;但问题是在于彻底的、明白的论据,是在于正式的原则。在否定的形式中,这种原则就是无神论,也就是拒绝与人不同的上帝。

在通常的意义下,宗教不是国家的联系,并且毋宁说宗教是排斥这种联系的。从宗教的观点看来,上帝,这就是人世君主政体的父亲、主宰者、天神、捍卫者、保护人、当权者和统治者。因此,人不需要别的人。他必须从自己或别人那里取得的一切,他都直接取自上帝。他信赖上帝,不信赖人;他感谢上帝,而不感谢人;因此,人只是偶然地与人发生联系。如果从主观的观点来解释国家,那只是因为人们不信上帝,因为人们不自觉地、无意地、在实际上否定自己的宗教信仰,他们才联合在一起。国家不是以对上帝的信仰为基础,而是以对上帝的失望为基础的。产生国家的主观解释是以对人——如同人对上帝——的信仰为根据的。

在国家中,人的力量被分化出来和发掘出来,为的是通过这种分离和复合而组成无限的实体;许多人、力量形成统一的力量。国家是各种现实的集中表现,国家是人的天意。在国家中,一个人代替另一个人,一个人补足另一个人——我所不能做到的,我所不知道的,别人可以做到。我不是听命于自然力的偶然性的孤独的人;别人会保护我,我处于共同的本质之中,我是整体的一员。〔真正的〕国家是无限的、没有止境的、真实的、完全的、神化的人。国家首先是一个人,国家是绝对化的人,自己决定自己,自己属于自己。

　　国家是现实,同时是对宗教信念的实际反驳。信徒陷入困苦之时,就是在现在也只能向人寻求帮助。他满足于应该到处存在的"神的恩赐"。当然,成功往往不是取决于人的活动,而是取决于机缘,取决于顺利的境遇,但"神的恩赐"则是宗教的不信神用来掩盖着自己的实际的无神论的一种幻影。

　　于是,实际的无神论成为国家的联系;人们加入国家,因为在国家中他们没有上帝,因为国家对人们来说就是上帝,因此国家合理地把"陛下"这一神化的宾词归之于己。我们现在对这个无意中成为国家的基础和联系的实际的无神论也就理解了。人们现在投入政治,因为他们认为基督教是使人失去政治毅力的宗教。

　　那些在被思想家理解为认识的东西,对实践的人来说就是他的愿望。但是人类的实际愿望是政治的愿望,是积极参加国家事务的愿望,是废除政治教阶制度、消除人民的愚昧的愿望,是废除政治的天主教的愿望。宗教改革破坏了宗教的天主教,可是新时代在它的位置上确立了政治的天主教。宗教改革在宗教方面所追求的、所抱定的目的,现在是力求在政治方面达到它了。

　　把上帝化为理性的这种改变,并不是废除上帝,而仅仅是把它调动一下,与此相似,新教也只是把国王放在教皇的位置上。现在我们与政治教皇有关了。证明必须有国王的理由也正是证明宗教中必须有教皇的那些理由。

　　从前的所谓最新的时代,乃是新教徒的中世纪,在这时期我们仅是用半否定和一些手腕来抑制罗马教会、罗马法、刑法和旧式大学等等。随着作为确立精神的宗教力量和真理的新教徒的基督教的消灭，我们就进入了新的时代。时代的精神和未来是属于现实主义的。如果我们承认异于人的实体是最高原则和本质，那么在抽象的原则和人之间的差异将是认识这种实体的经常不变的条件，而我们也就永远不会达到和自己本身、和世界、和现实的直接统一；我们将借第二者、第三者之助在自身与世界之间建立起中间人，在我们这里将永远是创造物代替创造，我们有来世，但不是在我们之外，而是在我们自身之内；我们将永远处于理论和实践之间的纠葛中，我们头脑所深思熟虑的和心所思恋的是不一致的，在我们头脑中是"绝对精神"，在生活中是人；在那里是没有实质的思想，在这里是并非任何本体，并非任何思想的实体，在生活的任何一步中，我们都处于哲学之外，在任何哲学思想中，我们都处于生活之外。

教会的首领——教皇，是和我一样的人；国王，也是和我们大家一样的人。教皇、国王的干涉不能是无限的，他并不在国家之上，社会之上。新教徒，这是宗教的共和主义者。随着新教的化为乌有，随着它的宗教内容的暴露和被揭穿，新教就变为政治的共和主义。如果消除新教在天堂（在这里我们是主人）和地狱（在这里我们是奴隶）之间的混乱，如果承认地上是我们活动的场所，那么新教立刻就引导我们走向共和国。如果说共和国在从前是和新教相联系的，那么这种联系是偶然的，虽然也是预兆性的，因为宗教只是给予宗教自由；既然我们不能和新教的宗教信仰分离，由此也就有了矛盾。只有当你放弃基督教，那么，你才会得到共和国的权利；因为在基督教中，你的共和国是在天上。在这里，你在这情况下不需要共和国。相反的，在这里，你应当是奴隶，否则天堂对你就是多余的了。

关于哲学改造的临时纲要

洪谦　译

神学的秘密是人本学，思辨哲学的秘密则是神学——思辨神学。思辨神学与普通神学的不同之点，就在于它将普通神学由于畏惧和无知而远远放到彼岸世界的神圣实体移置到此岸世界中来，就是说，将它现实化了，确定了，实在化了。

———

斯宾诺莎是近代思辨哲学真正的创始者，谢林是它的复兴者，黑格尔是它的完成者①。

———

"泛神论"是神学（或有神论）——彻底的神学的必然结论。

---

① 斯宾诺莎同谢林和黑格尔不同，他是唯物主义者。当然，费尔巴哈也理解到这一点。这里他是指斯宾诺莎对实体的抽象观点。有趣的是马克思在《神圣家族》中也指出了斯宾诺莎哲学的这一方面。他写道："在黑格尔的体系中有三个因素：斯宾诺莎的实体，费希特的自我意识以及前两个因素在黑格尔那里的必然的矛盾的统一，即绝对精神。第一个因素是形而上学地改了装的、脱离人的自然。第二个因素是形而上学地改了装的、脱离自然的精神。第三个因素是形而上学地改了装的以上两个因素的统一，即现实的人和现实的人类。"——俄文编者注（《马克思恩格斯全集》，人民出版社版，1957年，第2卷，第177页）

"无神论"是"泛神论"、彻底的"泛神论"的必然结论①。

———

基督教是多神教与一神教的矛盾。

———

泛神论是带着多神教的宾词的一神教，就是说，泛神论将多神教的那些独立的实体当作一个独立的实体的宾词和属性。例如斯宾诺莎便将作为思维物的总体的思维，以及作为广袤物的总体的物质，当作实体亦即上帝的属性。上帝是一个思维的事物，上帝是一个广袤的事物。

———

同一哲学与斯宾诺莎哲学的不同点，仅仅在于它将实体的僵死的、呆板的东西用唯心主义的精神鼓动起来。特别是黑格尔将自我活动、自我判别力、自我意识当作实体的属性。黑格尔所提出的那个矛盾的命题："关于上帝的意识就是上帝的自我意识"，与斯宾诺莎所提出的那个矛盾的命题："广袤或物质是实体的一种属性"，是建立在同样的基础上面。这样的命题并无其他的意义，仅仅是说，自我意识是实体或上帝的一种属性，上帝就是自我。有神论者归之于上帝的那种与实际意识不同的意识，仅仅是一种没有实在性的观念。但是斯宾诺莎说，物质是实体的属性。这个命题的意义无非是说，物质是具有实体性的神圣实体。同样地，黑格尔所提出的那个命题的意义也无非是说，意识是神圣实体。

————————

① 这些神学名词在这里用的是粗俗绰号的意义。——著者

———

一般思辨哲学的改革宗教的批判方法，与宗教哲学曾经应用过的方法并没有什么不同。我们只要经常将宾词当作主词，将主体当作客体和原则，就是说，只要将思辨哲学颠倒过来，就能得到毫无掩饰的、纯粹的、显明的真理。

———

"无神论"是颠倒过来的"泛神论"。

———

泛神论是站在神学立场上对于神学的否定。

———

正如按照斯宾诺莎（《伦理学》，第一部分，定义三和命题十）[①]，实体的属性或宾词乃是实体自身，按照黑格尔，绝对的宾词、主体的宾词一般说来是主体自身。在黑格尔看来，绝对是存在、实体、概念（精神、自我意识）。但是，仅仅被思想成存在的绝对，不是什么别的东西，只是存在。绝对如果被放在这种或那种规定、范畴里面思想，就完全融化为这种范畴、这种规定，因而除此以外，绝对仅仅是一个名称。但是尽管如此，作为主体的绝对仍然是基础，仍然有着真实的主体，有着那种东西，由于这种东西，绝对才不是一个单纯的名称，而是某种东西；这种规定仍然经常具有一种单纯宾词的意义，正如斯宾诺莎的属性那样。

———

思辨哲学的绝对或无限，从心理学观点看来，只不过是不加规

———

① 参阅斯宾诺莎：《伦理学》，1932 年俄文版。——俄文编者注

定的、不确定的东西——抽去一切规定的抽象,被看成一种与这种
抽象不同而同时又与这种抽象等同起来的实体;从历史观点看来,
则只不过是陈旧的、神学–形而上学的、并非有限的、并非人性的、
并非物质的、并非确定的、并非创造出来的实体或虚构——,被看
成行动的先于世界的虚无。

———

黑格尔的逻辑学,是理性化和现代化了的神学,是化为逻辑学
的神学。神学的神圣实体是一切实在性、亦即一切规定性、一切有限
性的理想总体或抽象总体,逻辑学也是如此。世界上的一切事物可
以在神学的天国里再现,自然中的一切事物也可以在神圣的逻辑学
的天国里再现,例如质、量、度量、本质、化学作用、机械精造和有机
体。在神学中,我们对于一切事物都是作二次考察,一次是抽象的,
另一次是具体的。在黑格尔哲学中,对一切事物也是作二次考察:
先作为逻辑学的对象,然后又作为自然哲学和精神哲学的对象。

———

神学的本质是超越的、被排除于人之外的人的本质。黑格尔
逻辑学的本质是超越的思维,是被看成在人以外的人的思维。

———

正如神学先将大分割为二,加以抛弃,以便后来再将这抛弃了
的本质与自己等同起来,黑格尔也是先将自然与人的简单的、与自
己等同的本质化为多数,加以分割,以便后来把那粗暴地分开的本
质再粗暴地调和起来。

———

形而上学或逻辑学只有在不脱离所谓主观精神的时候,才是

一种真实的、内在的科学。形而上学是秘传的心理学。只从性质本身考察性质，只从感觉本身考察感觉，将它们分裂成为两种特殊的科学，好像性质是脱离感觉的东西，感觉是脱离性质的东西，这是多么任意，多么粗暴。

———

黑格尔的绝对精神不是别的，只是抽象的、与自己分离了的所谓有限精神，正如神学的无限本质不是别的，只是抽象的有限本质一样。

———

按照黑格尔，绝对精神是显现或实现在艺术、宗教、哲学中。用直率的话来说，艺术、宗教、哲学的精神就是绝对精神。但是不能把艺术和宗教与人的感觉、幻想和直观分离开来，不能把哲学与思维分离开来，简言之，不能把绝对精神与主观精神或人的本质分离开来，而不重返旧的神学观点，而不将绝对精神当作另一种与人的本质有别的精神，亦即当作一种在我们以外存在着的幽灵而使自己迷惑。

———

"绝对精神"是在黑格尔哲学中还作为幽灵出现的神学的"死亡了的精神"。

———

神学是对于幽灵的信仰。不过普通神学有它的感性想象中的幽灵，思辨神学有它的非感性抽象中的幽灵。

———

抽象就是假定自然以外的自然本质，人以外的人的本质，思维活动以外的思维本质。黑格尔哲学使人与自己异化，从而在这种抽象活动的基础上建立起它的整个体系。它诚然将它分离开的东西重新等同起来，但是用的只是一种本身又可以分离的间接方式。黑格尔哲学缺少直接的统一性，直接的确定性，直接的真理。

———

从人抽出来而被抛弃了的人的本质与人的直接、鲜明、毫不暧昧的等同，是不能用正面的方式从黑格尔哲学中引出来的，只有作为黑格尔哲学的否定才能从其中引申出来。我们只有将这种等同理解成思辨哲学的全盘否定，然后才能理解、才能了解它是不是思辨哲学的真理。虽然一切事物都包藏在黑格尔哲学之中，但是这些事物经常都带着它的否定，它的对立物。

艺术一目了然地证明绝对精神就是所谓有限的主观精神，因此绝对精神与这种主观精神是不能而且也不应该分开的。产生艺术的，是那种以此岸生活为真实生活、以有限者为无限者的感情，是那种以一定的实际本质为最高的神圣本质的热情。基督教的一神教并不包含艺术教育和科学教育的原则。只有多神教，只有所谓偶像崇拜，才是艺术和科学的源泉。希腊人只是无条件地、毫不犹豫地将人的形象当作最高的形象，当作神的形象，因而才能达到使他们的造形艺术完美。基督教徒只有实际上否定了基督教神学，将女性的本质当作神圣的本质加以崇拜时，才走向诗歌，当基督教徒对宗教的本质进行想象时，当宗教的本质成为他们的意识对象时，他们就与他们的宗教的本质发生了矛盾，成为艺术家和诗人。彼得拉克由于宗教才悔恨他神圣化他的劳拉的那首诗。何以基督教徒不能像异教徒那样具有与他们的宗教观念相适应的艺术作品呢？何以没有他们完全满意的基督形象呢？因为基督教徒的宗教艺术由于他们的意识与真理之间有不可调和的矛盾而失败了。基督教的本质实际上是人的本质，而在基督徒的意识中却是一种另外的、非人性的本质。基督应该是人，同时又不是人；他是一种暧昧的东西。但是，艺术只能表达真实的东西，不暧昧的东西。

———

人性的东西就是神圣的东西，有限的东西就是无限的东西，这个果断的、变成有血有肉的意识，乃是一种新的诗歌和艺术的源泉，这种新的诗歌和艺术在雄壮方面、深刻方面、热情方面都要超过以前的一切诗歌和艺术。对于彼岸事物的信仰，是一种绝对没有诗意的信仰。痛苦是诗歌的源泉。只有将一件有限事物的损失看成一种无限的损失的人，才具有抒情的热情的力量。只有回忆不复存在的事物时的惨痛激动，才是人类的第一个艺术家和第一个理想家。但是对于彼岸事物的信仰，却将各种痛苦变成幻象，变成虚构。

———

从无限的东西中引申出有限的东西、从不确定的东西中引申出确定的东西的哲学，是永远不能达到对有限的东西和确定的东西作出一个真正的肯定的。从无限的东西中引申出有限的东西，意思就是说，把无限的和不确定的东西确定了，否定了。必须承认没有规定、亦即没有有限性的无限者，只不过是无限者的实在性，因而假定了有限者。但是虚构绝对的否定性仍然是基础，因此被假定的有限性经常又被扬弃了。有限者是无限者的否定，同时无限者又是有限者的否定。关于绝对的哲学乃是一种矛盾。

———

正如在神学中，人是上帝的真理、实在性——因为一切将作为上帝的上帝现实化、将上帝化为实际本质的宾词，如力量、智慧、善、爱，甚至无限性和人格，都是以异于有限的东西为条件，所以首先要假定在人之中，与人在一起——，同样地，在思辨哲学中，无限者的真理也是有限者。

———

有限事物的真理性，绝对哲学是用间接的、颠倒的方式来宣布的，如果只有当无限者受到规定，亦即不把它假定为无限者，而把它假定为有限者的时候，无限者才存在，才有真理性和实在性，那么，实际上有限者就是无限者。

———

真正的哲学的任务，不是将无限者认作有限者，而是将有限者认作非有限者，认作无限者，换句话说，就是将有限者化为无限者，而将无限者化为有限者。

———

哲学的开端不是上帝，不是绝对，不是作为绝对或理念的宾词的存在。哲学的开端是有限的东西①、确定的东西和实际的东西。

---

① 我经常只在"绝对"哲学的意义之下应用"有限"这个词。对于绝对哲学，从绝对的观点看来，实在的、实际的东西显得是非实际的、虚无的东西，因为它是将非实际的和不确定的东西看成实在的东西。但是另一方面，它又从虚无的观点出发，将有限的和虚无的东西看成实在的东西——这是一个矛盾，这个矛盾特别在早期的谢林哲学中出现，但也是黑格尔哲学的基础。——著者

没有有限者,无限者是根本不能设想的。你能不想到一个一定的性质而对性质进行思想和下定义吗? 因此,最初的东西不是不确定的东西,而是确定的东西;因为确定的性质不是别的,仅仅是实际的性质;实际的性质是先于思想中的性质的。

———

哲学的主观来源和进程,也就是它的客观来源和进程。当你思想到性质之前,你先感觉到性质。感受是先于思维的。

———

无限者是有限者的真实本质——真实的有限者。真正的思辨或哲学不是别的,仅仅是真实的、普遍的经验。

———

宗教和哲学的无限者,无论现在和过去都不是别的,仅仅是某种有限的东西,某种确定的东西,但是被神秘化了,就是说,一种有限的东西,一种确定的东西,一加以设定,就不是有限的东西,不是确定的东西了。思辨哲学与神学犯了同样的错误,就是将实在性或有限性的规定,仅仅通过对规定性的否定——就是在这种规定性中,这些规定才成为这些规定——,化为无限者的规定和宾词。

———

诚实与公正对于一切事物都是有益的,对于哲学也是如此。但是哲学要做到诚实和公正的地步,只有承认它的思辨的无限性的有限性,例如承认上帝的本性的秘密仅仅是人的本性的秘密,承认它为了借以产生意识的光明而加在上帝身上的那种黑暗不是别的,仅仅是它自己对于物质的实在性和不可避免性的那种暧昧的、本能的感情。

——

思辨哲学一向从抽象到具体、从理想到实在的进程,是一种颠倒的进程。从这样的道路,永远不能达到真实的、客观的实在,永远只能做到将自己的抽象概念现实化,正因为如此,也永远不能认识精神的真正自由;因为只有对于客观实际的本质和事物的直观,才能使人不受一切成见的束缚。从理想到实在的过渡,只有在实践哲学中才有它的地位。

——

哲学是关于存在物的知识。事物和本质是怎样的,就必须怎样来思想、来认识它们。这是哲学的最高规律、最高任务。

——

把存在的东西说成它所是的那样,是真实地宣说了真实的东西,看起来却好像是肤浅的;把存在的东西说成它所不是的那样,是不真实地、歪曲地宣说了真实的东西,看起来却好像是深刻的。

——

真确性、简单性、确定性是真实的哲学的形式标志。

——

作为哲学的开端的存在,是不能与意识分离的,意识也不能与存在分离。正如感觉的实在是性质,反过来感觉又是性质的实在那样,存在也是意识的实在,而同样地,反过来意识又是存在的实在——意识才是实际的存在。精神与自然的真正统一只是意识。

——

思辨哲学从绝对那里剥去、排入有限事物和经验事物领域内的一切规定、形式、范畴或者用其他名称所表称的东西,恰好包含着有限事物的真正本质，亦即真正的无限者，包含着哲学真正的、最后的秘密。

———

空间和时间是一切实体的存在形式。只有在空间和时间内的存在才是存在。对于空间和时间的否定，永远只是否定空间和时间的限制，并不是否定空间和时间的本质。一种无时间性的感觉，一种无时间性的意志，一种无时间性的思想，一种无时间性的实体，乃是不存在的东西。一个人如果根本没有时间，也就没有意欲和思维的时间和热望。

———

在形而上学中、事物本质中否定空间和时间，是有最恶劣的实际后果的。只有随时随地采取时间和空间观点的人，才能在生活上有计划，有实践的见识。空间和时间是实践的第一标准。一个民族，如果从它的形而上学中排除了时间，将永恒的亦即抽象的、与时间脱离的存在神圣化，也一定会从它的政治中排除掉时间，将既不合法又不合理的、反历史的固定原则神圣化。

———

思辨哲学将脱离时间的发展当作"绝对"的一种形式、一种属性。这种使发展脱离时间的做法，却是思辨哲学任意妄为的一件真正杰作，它有力地证明了，思辨哲学家对于"绝对"的所作所为，与神学家对于上帝的所作所为是完全一样的：上帝具有人的一切欲望而没有欲望，爱而不爱，怒而不怒。没有时间的发展，也就等于不发展的发展。"绝对实体自行发展"这个命题，只有颠倒过来，才是一个真实的、合理的命题。所以应当说，只有一种发展的、在时间中展开的实体，才是一种绝对的亦即真正的实际的实体。

———

空间和时间是实际的无限者的显现形式。

———

没有限制、没有时间、没有痛苦的地方，也就没有性质、没有力量、没有精神、没有热情、没有爱。只有感到痛苦的实体才是必然的实体。没有需要的存在是多余的存在。什么需要都没有的东西，也就没有存在的需要。存在或不存在，是一样的——对于它自己是一样的，对于其他的人也是一样的。没有痛苦的实体是一种没有根据的实体。只有能感到痛苦的东西才值得存在。只有具有丰富的惨痛经验的实体才是神圣的实体。没有痛苦的实体是一种没有实体的实体。没有痛苦的实体不是别的，仅仅是一种无感觉、无物质的实体。

———

一种哲学，如果不包含被动的原则，一种哲学，如果对无时间的存在、无期间的生存、无感觉的性质、无实体的实体、无生命无血肉的生命进行思辨——这样一种哲学，就与一切关于绝对的哲学一样，是一种绝对片面的哲学，必然要与经验相对立。斯宾诺莎虽然将物质当作实体的一种属性，却没有将物质当作感受痛苦的原则，这正是因为物质并不感受痛苦，因为物质是单一的、不可分的、无限的，因为物质和与它相对立的思维属性具有相同的特质，简言之，因为物质是一种抽象的物质，是一种无物质的物质，正如黑格尔逻辑学的本质是人和自然的本质，但是却没有本质、没有自然、没有人一样。

————

哲学家必须用人的本质的那个不研究哲学的，甚至于反对哲学、对抗抽象思维的方面，即那个被黑格尔贬为注释的东西，吸收到哲学本身里面来。只有这样，哲学才能成为一种普遍的、无敌手的、不可推翻的、不可抗拒的力量。因此哲学不应当从自身开始，而应当从它的反面、从非哲学开始。我们中间这个与思维有别的、非哲学的、绝对反经院哲学的本质，乃是感觉主义的原则。

————

哲学的主要工具和器官是头脑——这是活动、自由、形而上学无限性、唯心主义的来源。同时是心情——这是痛苦、有限性、需要、感觉主义的来源。用理论名词来说，哲学的工具和器官就是思维和直观，因为思维是头脑所需要的，直观感觉是心情所需要的。思维是学派和体系的原则，直观是生活的原则。在直观中我为对象所决定，在思维中我决定对象。在思维中我是我，在直观中我是非我。只有从思维的否定中，从对象的确定中，从欲望中，从一切快乐和烦恼的来源中，才能创造出真实的、客观的思想，真实的、客观的哲学。直观提供出与存在直接同一的实体，思维提供出与存在异化了和分离了的间接本质。因此只有存在与本质结合、直观与思维结合、被动与主动结合、法国感觉主义和唯物主义的反经院派的热情原则与德国形而上学的经院派的冷淡态度结合起来的地方，才有生活和真理。

————

哲学是怎样的，哲学家就是怎样的，反过来，哲学家的性质，哲学的主观条件和成分，也是它的客观条件和成分。真正的、与生活、与人同一的哲学家，必须有法国人和德国人的混合血统。纯洁的德国人请不要害怕这种混血！《哲学家文汇》（*Acta Philoso-phorum*）已经于纪元 1716 年表明了这种思想。"如果我们将德国人和法国人比较一下，那么，法国人的心灵比较活泼，德国人则比较严正，我们可以毫不夸大地说，法国人和德国人的气质对于哲学来说，是最适合不过的，换句话说，一个父亲是法国人而母亲是德国人的孩子，一定（假定其他条件相同）具有很好的哲学才能。"完全正确；我们只要将法国人当作母亲，将德国人当作父亲。心情，是女性的原则，是对于有限事物的官能，是唯物主义的所在地——这是法国式的想法；头脑，是男性的原则，是唯心主义的所在地——这是德国式的想法。心情是革命的，头脑是改良的；头脑使事物成立，心情使事物运动。但是只有运动、激动、欲望、热血、感觉存在的地方，才存在着精神。只有莱布尼茨的智慧，只有他的热情的唯物同时又唯心的哲学原则，才第一次将德国人从他们的哲学上的学究习气和经院习气中拯救出来。

———

在哲学中，一直是将心情当作神学的胸墙。但是，心情恰好是绝对反神学的原则，恰好是人们的神学意义之下的无信仰的、无神论的原则。因为心情并不相信别的东西，只相信自己，只相信它的本质的无可辩驳的、神圣的绝对实在性。但是不了解心情的头脑，却因为它的任务是分离和区别主体和客体，而将心情原来的本质转变为一种与心情不同的、客观的外在本质。当然，对于心情来说，是需要一种别的本质的，然而它所需要的仅仅是一种与它自己相同的、与心情无区别的、与心情不矛盾的本质。神学否认心情的真理性、宗教感情的真理性。例如,宗教感情、心情说:"上帝受难",神学则说:上帝不受难,这就是说,心情否认上帝与人的差别,神学则承认这种差别。

——

有神论是建立在头脑与心情的分裂上的,泛神论则是在分裂中扬弃这种分裂——因为泛神论将神圣实体仅仅当作内在的超越实体。人本主义有神论则无任何分裂。人本主义有神论是理智化了的心情,它在头脑中仅仅以理智的方式说出心情以它自己的方式说出的话。宗教仅仅是感情、感觉、心情和爱,就是说,宗教只是对上帝的否定,将上帝溶解于人之中。因此,新哲学既是对神学的否定,而神学是否认宗教感情的真理性的,所以新哲学乃是对宗教的肯定。人本主义有神论是自觉的宗教——了解自己的宗教。相反地,神学则在表面上好像优待宗教,实际上否定了宗教。

——

谢林与黑格尔是对立的。黑格尔代表独立性、自我活动的男性原则,简言之,他代表唯心主义的原则。谢林则代表承受性和感受性的女性原则;他首先接受费希特,然后接受柏拉图与斯宾诺莎,最后接受波墨,简言之,他代表唯物主义的原则。黑格尔缺少直观,谢林缺少思想力和决断力。谢林只是一般的思想家;如果他一与事物接触,一与特殊的、确定的事物接触,他就陷入想象的梦游里去了。谢林的理性主义只是表面的,他的反理性主义才是真实的。黑格尔归结到一种抽象的、与反理性原则矛盾的存在和实在,谢林归结到一种与理性原则矛盾的、神秘的、想象的存在和实在。黑格尔用粗野的感性言词补充实在论的缺点,谢林则以美丽

的言词补充实在论的缺点。黑格尔以平凡的方式说出不平凡的东
西,谢林则以不平凡的方式说出平凡的东西。黑格尔将事物当作
单纯的思想,谢林则将单纯的思想——例如上帝的自存性——当
作事物。黑格尔为思维的头脑所迷惑,谢林为不思维的头脑所迷
惑。黑格尔将非理性化为理性,谢林则相反地将理性化为非理性。
谢林哲学是梦境中的实在哲学,黑格尔哲学是概念中的实在哲学。
谢林否定幻想中的抽象思维,黑格尔则否定抽象思维中的抽象思
维。黑格尔哲学作为否定性思维的自我否定,作为旧哲学的完成,
乃是新哲学的否定性的开始。谢林哲学是带着想象和幻觉的旧哲
学,是新的实在哲学。

———

黑格尔哲学是思维与存在的矛盾的扬弃,这个矛盾特别是康
德就已经提出来了,他看得很清楚! 只不过这种矛盾的扬弃是在
矛盾的范围以内——是在一种要素的范围以内——是在思维的范
围以内。在黑格尔看来,思维就是存在,思维是主体,存在是宾词。
逻辑学是思维要素以内的思维,或者是自己思维自己的思想——
这种思想或者是无宾词的主体,或者是同时兼为主体和宾词。但
是思维要素内的思维还是抽象的;因此它要实在化、外化自己。这
个实在化、外化的思想就是自然,一般说来就是实在、存在。但是
这个实在之内的真正实在是什么呢? 是思维,思维为了将它的无
宾词性当作它的真正本质建立起来,于是立即将实在性这个宾词
又从自身中排除出去。但是黑格尔并没有因此达到作为存在的存
在,达到自由的、独立的、自我满足的存在。黑格尔将客体仅仅想
成自己思想自己的思维的宾词。存在的宗教和思想中的宗教之间

的公认矛盾,在黑格尔哲学中是这样产生的,就是思维无论在什么时候都被当作主体,客体和宗教则被看成思想的一个单纯的宾词。

————

谁不扬弃黑格尔哲学,谁就不扬弃神学。黑格尔关于自然、实在为理念所建立的学说,只是用理性的说法来表达自然为上帝所创造、物质实体为非物质的亦即抽象的实体所创造的神学学说。在《逻辑学》的结束的地方,甚至使绝对理念作出一种莫名其妙的"决定"①,以便亲手证明它的来源出于神学的天堂。

————

黑格尔哲学是神学最后的避难所和最后的理性支柱。正如旧教神学家为了与新教作斗争,曾经事实上成为亚里士多德派一样,现在新教神学为了与"无神论"作斗争,依理也必须成为黑格尔派。

————

思维与存在的真正关系只是这样的:存在是主体,思维是宾词。思维是从存在而来的,然而存在并不来自思维。存在是从自身、通过自身而来的——存在只能为存在所产生。存在的根据在它自身中,因为只有存在才是感性、理性、必然性、真理,简言之,存在是一切的一切。存在是存在的,因为非存在是非存在,也就是

——————————————

　　①　费尔巴哈所说的"莫名其妙的'决定'",是指黑格尔《小逻辑》中的如下一个地点(见第 244 节):"但享有绝对自由的理念便不然,它不仅过渡为生命,亦不仅是有限的认识,仅认识生命的假相,而乃最后归结到它自身的绝对真理。它让它的特殊性的那一环节,或它最初的特性和它的对方,直接性的理念,作为它的反映,自由地外在化为自然。"恩格斯关于理念的这种转化为自然写道;在黑格尔那里:"创世说往往采取了比在基督教那里还要混乱而荒唐的形式。"——俄文编者注(恩格斯:《路德维希·费尔巴哈与德国古典哲学的终结》,人民出版社,1972 年,第 15 页)

说，是虚无的、无意义的。

———

作为存在的存在的本质，就是自然的本质。时间上的发生只推广到自然的外形上，不能推广到自然的本质上。

———

只有思维与存在的真正统一分裂的时候，只有首先通过抽象从存在中取出它的灵魂和本质，然后又在这个从存在中抽出来的本质中找到这个本身空洞的存在的意义和根据的时候，才能从思维中引申出存在；正如只有将世界的本质与世界任意地分开的时候，才能从上帝引申出世界。

———

谁要是按照特殊的实在哲学原则进行思辨，那就同那些所谓实证哲学家一样：

> 像一个动物在干枯的草原上，
>
> 被一个恶魔迷惑着转圈子，
>
> 在它的周围却有美丽的、碧绿的牧场。①

这个美丽的、碧绿的牧场就是自然和人，因为这两种东西是属于一体的。观察自然，观察人吧！在这里你们可以看到哲学的秘密。

自然是与存在没有区别的实体，人是与存在有区别的实体。没

---

① 引自歌德的《浮士德》第一部。靡非斯特对浮士德说这些话，告诉他经院科学是无用的。——俄文编者注

有区别的实体是有区别的实体的根据——所以自然是人的根据。

——

新的唯一实证的哲学，是一切学院哲学的否定。尽管新哲学包含着学院哲学的真理，却否定了这种哲学，把它当作一种抽象的、特殊的、经院派的性质。新哲学没有暗号，没有特殊的语言，没有特殊的名称，没有特殊的原则；它是思维的人自己。这个人是存在的，并且知道自己是自觉的自然本质，是历史的本质，是国家的本质，是宗教的本质。这个人是存在的，并且知道自己是一切对立和矛盾、一切主动的和被动的东西、精神的和感性的东西，政治的和社会的东西的实际上的（并非想象中的）绝对同一。这个人知道，被思辨哲学家或者神学家从人分离开来、客观化成为一种抽象本质的泛神论本质，不是别的东西，仅仅是人自己的、不确定的、但是可以无限地加以规定的本质。

——

新哲学是理性主义的否定，也是神秘主义的否定，是泛神论的否定，也是人格主义的否定，是无神论的否定，也是有神论的否定。它是把这一切对立的真理统一为一个绝对独立的、纯粹的真理。

——

新哲学已经既从消极方面、又从积极方面宣布了自己是宗教哲学。只有将一种实证哲学分析出来的结论当作前提，才能在这些结论中认识这种哲学的原则。但是新哲学并不求宠于众人。它是确信自己的，不屑于炫耀自己。但是正因为如此，在我们这个时代，在这个主要兴趣在于将现象当作本质、幻觉当作实在、名称当作事物的时代，它必定被看成与它相反的东西。对立的东西就是这样互相补充！在把虚无当作实有、谎言当作真理的地方，当然一定将实有当作虚无、真理当作谎言。在一个地方，人们——可笑的是正当哲学处在对自己怀着决定性的、普遍的失望的时刻——进行前所未闻的尝试，要想将一种哲学完全建立在报章读者的喜爱和意见上面，当然也一定想用在《奥格斯堡通报》上当众诬蔑的办法，对哲学作品进行公正的、基督教的驳斥。德国的社会舆论是多么公正，多么道德啊！

———

一种新的原则，经常是带着一个新的名称出现的，就是说，它将一个名称从低级的、从属的地位中提升到君主的地位，将它当成最高的称号。如果将新哲学的名称、"人"这个名称翻译成自我意识，那就是以旧哲学的意义解释新哲学，将它又推回到旧的观点上去。因为旧哲学的自我意识是与人分离的，乃是一种无实在性的抽象。人才是自我意识。[①]

———

从语言上说，"人"这个名称诚然是一个特殊的名称，然而从实际上说，却是一切名称的名称。"多名"这个宾词当然是属于人的。人经常所称呼的、所说出的东西，也经常说出了他自己的本质。因此语言是人类文化程度高低的标准。"上帝"这个名称，只不过是被人看成最高力量、最高实体亦即最高感情、最高思想的东

[①]　这里是指布鲁诺·鲍威尔的一个论点。正如马克思所指出的，鲍威尔从黑格尔的体系中发展了自我意识的"因素"。马克思主义的创始人在他们最初合著的《神圣家族》中给了青年黑格尔主义以致命的批判。——俄文编者注

西的名称。

———

"人"这个名称的意义，一般只是指带有他的需要、感觉、心思的人，只是指作为个人的人，异于他的精神，一般地说，异于他的一般社会性质——例如异于艺术家、思想家、著作家、法官，似乎人所特具的基本特性并不在于他是思想家、艺术家、法官等等，似乎艺术界、科学界等等各界中的人是在他之外的。思辨哲学在理论上确定了这种人的主要特性与人的分离，从而将完全抽象的性质神圣化成为独立的实体。例如黑格尔的《自然权利》第 190 节[①]便说："个人在法律上是对象，从道德观点说是主体，在家庭中是家庭成员，在一般公民社会中是公民（作为市民），在这里，从需要的观点说，却是表象（？）的具体名词，人们称之为人，因此，在这里，而且真正说来也只有在这里，说的才是这个意义之下的人。"在这个意义之下，当说到公民、主体、家庭成员、个人时，实际上只是说到同一的实体——人，只不过是在另一种意义下、从另一种性质来说的。

———

一切关于法律、关于意志、关于自由、关于没有人的、在人以外甚至在人之上的人格的思辨，都是一种没有统一性、没有必然性、没有实体、没有根据、没有实在性的思辨。人是自由的存在，人格的存在，法律的存在。只有人才是费希特的"自我"的根据和基础，才是莱布尼茨的"单子"的根据和基础，才是"绝对"的根据和基础。

_____

① 见黑格尔《法哲学原理》。——译者

———

一切科学必须以自然为基础。一种学说在没有找到它的自然基础之前，只能是一种假设。这一点特别对于自由的学说有意义。只有新哲学才能将直到如今仍然是一种反自然主义的、超自然主义的假设的自由自然主义化。

———

哲学必须重新与自然科学结合，自然科学必须重新与哲学结合。这种建立在相互需要和内在必然性上面的结合，是持久的、幸福的、多子多孙的，不能与以前那种哲学与神学的错配同日而语。

———

人是国家的 ἕγ χαὶ πᾶν（一和一切）。国家是人的实在化了的、经过发挥的、明确化了的总体。在国家里面，人的主要性质和活动现实化成为特殊的等级，但是这些性质和活动在国家领袖的个人身上又重新回到了同一性。国家领袖无差别地代表一切等级，在他的面前，一切等级都是同样必要、同样有权利的。国家领袖是普遍的人的代表。

———

基督教将"人"这个名称与"上帝"这个名称用"神人"（Gott-mensch）这个名称结合起来，从而将"人"这个名称提高到最高实体的一种属性的地位。新哲学根据真理，将这个属性当作实体，将宾词当作主体——新哲学是实在化了的理念，是基督教的真理。但是，正因为它包含了基督教的本质，所以它放弃了基督教这个名称。基督教只是在与真理矛盾中说出了真理。无矛盾的、纯粹的、毫不掺假的真理是一种新的真理，是一种新的、自主的人类的行动。

黑格尔哲学批判

王太庆　万颐庵　译

　　德国的思辨哲学是和古代所罗门的智慧直接对立的。后者在太阳底下看不到任何新的东西,前者则只看到新的东西;东方人见到统一而忽略了差异,西方人则见到差异而遗忘了统一;前者把自己对永恒的一致性所抱的一视同仁的态度一直推进到白痴的麻痹状态,后者则把自己对于差异性和多样性的感受扩张到无边幻想的狂热地步。当我说德国思辨哲学的时候,专指的是现今占统治地位的哲学——黑格尔的哲学;因为谢林的哲学真正说来是一种外国的产物,是移植到日耳曼土地上的古老的东方同一性;因此,谢林学派对东方的向往,乃是这个学派的一个本质特征,与此相反,向往西方而贬抑东方,则是黑格尔哲学及其学派的一个特征。黑格尔的特征要素与"同一哲学"①的东方主义相反,乃是差异的要素。"自然哲学"并未使差异及其产物超过"动植动物"和"软体动物"②的层次,大家知道,无头类和腹足类就属于这些动物。黑格尔把我

---

　　①　"同一哲学"和"自然哲学"均指谢林的哲学。——译者

　　②　"动植动物"(Zoophyt),按照原文字面应为植虫;旧名多足虫,是介于动物和植物之间的一种中间类型。"软体动物"(Molluske),费尔巴哈在这里把软体动物分成无头类和有头类,并把腹足类也归入其中。——俄文编者注

们提高到一个较高的阶段,提高到了节足类,这一类动物的最高形态就是昆虫。黑格尔的精神是一种逻辑学上的精神,是某一种我可以说是昆虫学上的精神,也就是说,这一种精神仅仅在一个具有多数突出的节肢、具有深深的沟纹的躯体中有其相应的地位。这种精神特别显示在他的历史观和他对历史的处理上。黑格尔只注视和陈述各种宗教、哲学、各个时代和民族最突出的差异,并且只是就其处于逐步上升的过程中来加以陈述的;共同的、一致的、同一的东西完全退到背后去了。黑格尔的观点和他的方法所采取的形式,本身只是排他的时间,而并非同时是宽容的空间;黑格尔的体系只知道从属和继承,而不知道任何并列和共存。诚然,最后的发展阶段永远是把其他各阶段纳入自身的整体,但是这样它本身就是一个一定的时间上的存在,因而也就带有特殊的性质,所以,它如果不从其他的存在吸取独立生命的精髓,如果不采取这些存在仅仅在其绝对自由的状态中所特具的那种意义,便不能把它们纳入自身之内。黑格尔的方法自夸走自然的道路。然而不管怎么说这只不过是模仿自然,可是摹本却缺少原本的生命。诚然,自然使人成为动物的主宰,但是自然不仅给了人双手来制御动物,而且也给了人眼睛和耳朵来赞赏动物。被无情的手从动物那里夺去的独立性,同情的眼睛和耳朵又把它归还给了动物。艺术的爱打开了手工业的利己主义束缚动物的枷锁。马夫以臀部压着的马,画家把它抬高成为艺术的对象,皮毛匠为了制造一种满足人的虚荣心的装饰品而打死的黑貂,自然科学家把它养活着以便对它作全面的研究。自然总是把空间的自由主义与时间的专制主义倾向结合起来。固然花是否定叶子的,但是难道唯有当花开在落掉叶子的茎上时植物才是完美的吗？固然，实际上有很多植物落掉了叶子以后才有可能使用全力培养花蕾，但是另一方面也有另一些植物，它们的叶子或者在花之后出现，或者与花同时出现。这就证明，要说明植物的整体，花和叶子是同样必需的。诚然，人是动物的真理，但是假如动物不是独立生存的，难道自然的生命，甚至人的生命能够成为一种完美的生命吗？难道人对动物的关系只是一种专制的关系吗？被遗弃和放逐的人岂不是在动物的忠诚中找到一点东西来补偿自己同胞的忘恩负义、阴谋诡计和背信弃义吗？对于他的受了损伤的心灵，动物岂不是有一种调解的医治力吗？在动物崇拜中，岂不是以一种善良的、理性的心情为基础吗？我们岂不是仅仅因为自己已经有了其他形式的偶像崇拜而觉得这种动物崇拜可笑吗？在寓言中动物岂不是向赤子之心倾诉吗？一匹驴子岂不是给固执的预言者打开了眼界吗？

因此自然界中的各个发展阶段决不是仅仅具有一种历史的意义，这些发展阶段乃是环节，但却是自然界同时并存的整体的各个环节，并不是一个特殊的、个别的整体的各个环节，因为个别的整体本身也不过是宇宙的一个环节，亦即自然界的一个环节。在黑格尔的哲学里情形则不同，如上所说，它仅仅以时间为直观形式，而并不也以空间为直观的形式。在黑格尔这里，一种特殊的历史现象或存在的整体性、绝对性被当成了宾词，所以作为独立存在的各个发展阶段只具有一种历史的意义，只不过是作为一些影子、一些环节、一些以毒攻毒的点滴而继续存在于绝对阶段中。例如在历史上独断地发展的基督教便被规定为绝对的宗教，而为了作出这个规定，只是提出了基督教和其他各种宗教的差异，至于那共同的东西，那宗教的本性，亦即那作为一切宗教的基础的唯一绝对的东西，则完全被忽略了。至于哲学，情形也是一样。黑格尔的哲学——我说黑格尔的，是指一种一定的、特殊的、存在于经验中的哲学，我们暂且不去管它的内容，不去管它的内容的性质——就被规定和宣布为绝对的哲学，亦即不折不扣的哲学本身；虽然并不是这位大师本人作出了这样的规定，但却是他的门徒们，至少是他的正统门徒们贯彻始终地契合着老师的学说作出了这样的规定。在不久以前，就有一个黑格尔派分子——一个有才智有思想的人——正式地、可以说彻底地企图证明黑格尔哲学是"哲学理念的绝对现实性"。

可是尽管这位作者有才智，他的做法的非批判性却首先表现在下面一点上，就是他没有给自己提出这样一个问题：一般说来，"类"在一个个体中得到绝对的实现，艺术在一个艺术家身上得到绝对的实现，哲学在一个哲学家身上得到绝对的实现，究竟是不是可能的？这个问题正是主要问题，因为假如我根本就不相信有什么救世主将会出现、应当出现、能够出现，我也就没有任何办法证明这个人就是救世主。因此，如果不提出这个问题，那就是默认有一个直观中的或思辨中的达赖喇嘛、有一种直观中的或思辨中的实体转化①、有一种直观中的或思辨中的世界末日必须存在并且实际存在。然而这种假定正是违反理性的。歌德说："只有全体的

---

① 基督教的圣餐礼中将祝祷过的酒和面包分给信徒吃，说这酒和面包已经"转化"成耶稣的血和肉。——译者

人才能认识自然,只有全体的人才能过人的生活。"(《与席勒的通信》,第4卷,第469页)说得多么深刻并且——更要紧的——多么真实!只有爱,只有赞赏,只有崇拜,一句话,只有激情才能使个体变成类,比如我们为一个人的美丽和可爱激动的时候,便会喊道,这就是美,就是爱,就是慈善。但是理性老是记挂着所罗门的"太阳底下无新事",根本不知道类在一个一定的个体中的现实的、绝对的体现。精神、意识诚然是"作为类而存在的类",但是个体、精神的器官、头脑不管多么万能,却总是有一个一定的鼻子在它上面,不管是尖的还是塌的,小巧的还是肥大的,长的还是短的,弯的还是直的。一旦进入了空间和时间,就必须受空间和时间的规律支配。限度之神站在世界的进口作卫兵。自制就是进入世界的条件。凡是成为现实的东西,都只是作为一个一定的东西而成为现实。类在一个个体中得到完满无遗的体现,乃是一件绝对的奇迹,乃是现实界一切规律和原则的勉强取消——实际上也就是世界的毁灭。

因此,使徒们和最初的基督徒们相信世界行将毁灭,显然是与他们相信上帝化身为人有最密切的联系的。随着上帝在一个一定的时间内以一个一定的形相显现,时间和空间本身也就已经消灭了,因此也就别无他望,只有等待世界的真正终结。这样,历史是再也无法设想的:它是无目的、无意义的。上帝化身和历史是彼此绝对不相容的。只要上帝本身走进了历史,历史就结束了。而如果历史以后仍旧像以前一样继续进行,事实上上帝化身的理论也就被历史本身所驳倒了。上帝的显现如果在另外一些以后的时代里只是一种传说,一个故事,因而只是一个表象和回忆的对象,那它就失去了神性的特征,也就从神奇的超自然事件的系列里走出而进入与其余的普通历史现象等同的系列和环节,于是在以后的时代里也就只是以自然的途径流传了。只要奇迹变成了一件往事,变成了一个故事的对象,它也就立刻不复是一件奇迹。所以人们说时间泄露一切秘密,并不是没有根据的。因此一种历史现象如果是上帝的实际显现和化身,这种现象——只有这种后果才能证明这种现象——就应当像太阳扑灭星光、白昼扑灭我们夜间的灯火一样,把一切历史的灯火熄灭,特别是把教堂里的烛火熄灭,而以自己迷人的天上的光辉照耀整个大地,成为一个绝对的、无所不在的、对一切时代的一切的人直接显现的现象。因为凡是超自然的东西,都必须超越时间的一切界限而独立地起作用和发生影响;因此凡是仅仅以自然的途径流传的,凡是仅仅以口头或文字的传统为中介而保存和起作用的,必然本身只能具有间接的来源,只能属于自然的等级。

至于艺术和科学领域中的化身理论,情形也没有两样。如果黑格尔哲学是哲学理念的绝对现实性的话,那么,黑格尔哲学里的理性的静止就必然要以时间的静止为结果。因为时间以后如果和以前一样继续它的可悲的进程,黑格尔哲学就不可避免地要失去绝对性这个宾词了。我们用几秒钟想一想最近几个世纪的未来吧!在那个时候,黑格尔的哲学从时间上说岂不已经是一种与我们疏远的哲学,一种流传下来的哲学了吗?我们难道能把另一个时代的哲学,把过去的哲学看成我们的哲学,看成当代的哲学吗?既然人物和时代都会成为过去,后人并不愿意靠先人的遗产度日,而愿意靠自己赚来的财产生活,那么为什么各种哲学就不会成为过去呢？我们难道不会像过去的改革家们感觉中世纪的亚里士多德是一种压力、一种负担那样，感觉到黑格尔哲学是一种压力、一种负担吗？在旧哲学与新哲学之间，在由于继承而来因而不自由的哲学与由于自己获得因而自由的哲学之间，岂不是必然要形成一种对立，因而要把黑格尔的哲学从理念的绝对现实性这个高位拉回到一种一定的、特殊的现实性这个微末的地位上来吗？凭借着理性来预测时间的必然的、不可避免的后果，岂不是合理的，岂不是有思维能力的人的义务和任务吗？我们难道不应该从事物的本性中预先认识将来因时间的本性而自行产生的东西吗？

　　那么我们就来用理性预测时间，证明黑格尔的哲学实际上是一种一定的、特殊的哲学。这个证明是并不困难的，尽管黑格尔哲学从严格的科学性、普遍性、无可争辩的思想丰富性来说，要超过以前的一切哲学。黑格尔哲学是在一个时代里产生的，在这个时代里，人类正如在任何其他的时代里一样，是处在一定的思维阶段上，在这个时代里，是有一种一定的哲学存在的；黑格尔的哲学与这种哲学相联系，甚至与这种哲学相结合；因此它本身就应当具有一种一定的、因而是有限的性质。所以，每一种哲学，作为一种一定的时间上的现象，都是从一个前提开始。它自己诚然自以为是没有前提的；它对于以前的各种哲学体系说也的确是没有前提的，但是以后的时代却认识到，它也假定了一个前提，也就是说，它假定了一个特殊的、本身是偶然的前提，这个前提不同于那些必然的、理性的前提，必然的、理性的前提是不能否定的，否则就要陷入绝对的荒谬。是不是黑格尔哲学不从一个前提开始呢？"不是的，它从纯粹的存在开始；它不从任何特殊的开端①开始，而从纯粹未规定的东西、从开端本身开始。"不是吗？哲学一般地必须有一个开端，这不就已经是一个前提了吗？"显而易见，既然一切都必须有开端，哲学当然也必须有开端。"当然是这样的，不过这个开端是偶然的、无足轻重的，而哲学应当采取的开端则相反，它具有一种特殊的意义，具有本身是第一性的东西的意义，或者具有在科学上是第一性的东西的意义。可是我正要问，为什么一般地要有这样一个开端呢？难道开端的概念不再是一个批判的对象，难道它是直接真实并且普遍有效的吗？为什么我就不能在开始的时候抛弃开端的概念，为什么我就不能直接以现实的东西为依据呢？黑格尔是从存在开始，也就是说，是从存在的概念或抽象的存在开始。为什么我就不能从存在本身，亦即从现实的存在开始呢？或者说，既然存在是被思维的，是逻辑的对象，把我直接引回到理性，那么，为什么不从理性开始呢？如果我从理性开始，难道是从前提开始吗？不是的！我不能怀疑理性，不能不顾理性，而不把我的怀疑、我的不顾说成没有道理的。可是就算我假定一个前提，既然我不管什么开端的问题，直接从现实的存在或理性开始进行哲学研究，那又有什么坏处呢？难道我以后就不能证明我的前提只是一个形式的、似是而非的前提，事实上并不是前提？我并不是在把自己的思想写到纸上的时候才开始思想的。在我的事情完成之前，我就已经明白了。我只是假定某个东西，因为我知道我的假定是自圆其说的。

---

① 开端（Anfang）即是始基。——译者

　　那么,开端是不是一个普遍的、绝对必然的开端,就像黑格尔哲学在逻辑中所采取的开端那样?难道它不是一个一定的开端,不是黑格尔以前的哲学观点所决定的开端?难道它不是与"知识学"①相结合的?难道它不是与过去关于哲学的第一原理的问题相联系,不是与一种观点相联系(在这种观点之下,哲学的兴趣本质上只是一种体系的兴趣、形式的兴趣,而不是一种实质的兴趣,根本问题乃是"什么是科学上第一性的东西"这个问题)?这种联系岂不是已经由下列事实得到证明,即黑格尔的方法——当然是不管内容的差别,内容的差别也变成了形式的差别——基本上或者至少在大体上就是费希特的方法?"知识学"的历程岂不也就是这样的历程,即:对于我们是最初的东西,也就是那对于自身是最后的东西,所以终结回到开端,而科学的历程就是循环?(参看:《全部知识学的基础》,第 2 版,第 291,301 页;《知识学特征概论》,第 2 版,第 4 页;《论知识学的概念》,第 2 版,第 35—36 页;谢林的《先验唯心主义体系》,例如第 186—190 页)当方法、当哲学的科学陈述被认为是哲学的本质时;当不是体系的东西(这里指狭义的体系)就不是哲学时,循环运动,形式上的循环运动岂不是变成了一种需要或必然的结果?因为体系只是一个封闭的圆圈,它并不是一直向前进到无限的东西,而是终结又回到它的开端。黑格尔的哲学事实上也是曾经存在过的体系中最完备的体系。黑格尔实现了费希特想实现而没有实现的东西,因为费希特只是以一个"应当"结束,而没有以一个与开端相

---

　　① 知识学,费希特哲学的基本术语。——俄文编者注

同的终结结束。但是成体系的思维仍然不是思维本身，不是本
质的思维，而只是自己表达自己的思维。当我表达自己的思想
时，我就把它挪到时间里；那在我之内是同时的东西，一种依次
达到的见解，现在变成一种有先有后的东西了。我把待表达的
东西当成不存在的，我让它在我眼前产生，我从它在表达以前的
状态进行抽绎。我因此也把这个东西当成开端，这个东西——
起初只是纯粹不确定的东西；我对它当然还是什么都不知
道——表达的知识才应当成为知识。所以，严格说来，我只能从
开端的概念开始；因为不管我所取的是什么对象，这个对象——
起初总是具有着一般的开端的性质。在这一点上，黑格尔比起
费希特的"我＝我"来，要透彻得多，科学得多。然而由于开端是
不确定的东西，所以进展就具有规定的意义。在表达的过程中，
才确定了、显示了这是什么东西，我是从什么地方开始的。因此
进展就是一种复归的过程——我又回到我出发的地方，——在
复归的过程中，我又取消了思想的秩序和时间化：我又恢复了被
丢失的同一性。但是，我所回到的最初的东西，现在已经不再是
原始的、不确定的、未经证明的最初的东西，而是一种经过中介
的东西，因此不再是原来的东西，或者虽然是原来的东西，却不
再采取原来的形式。这个过程诚然是一个有根据的、必然的过
程，不过它的基础仍然只是呈现的、显示出来的思想与思想本身
亦即内在思想的关系。人们就是这样表象这个过程的。我从头
到尾读完了黑格尔的《逻辑学》。在结尾的地方我又回到了开
端。理念的理念或绝对理念里面包含着本质和存在的理念。因
此我现在知道存在和本质是理念的两个环节，换句话说，绝对理

念就是潜在的逻辑。我在终结的地方虽然回到了开端,但是幸好并非在时间的意义之下,并非弄到要重新把逻辑从头做起,——因为否则我就必须第二次、第三次地将同一途径一直重复下去,以致一辈子只是在黑格尔的《逻辑学》里面兜圈子;相反地,我把三卷《逻辑学》连同绝对理念一齐合起,因为我现在知道了《逻辑学》里面是什么东西。我在我的认识中扬弃了时间上的中介过程;我知道绝对理念就是全体,当然,如果我要在形式上使它的过程再现,我是需要时间的;不过这个程序在这里是完全无关紧要的。因此,这三卷《逻辑学》,亦即被表达出来的逻辑,并不是自在的目的;因为否则我就没有别的生活目的,只是反来复去地去读《逻辑学》,或者像念主祷文一样把它念得滚瓜烂熟了。绝对理念确乎取消了它的中介过程,把过程总括到自身之内,扬弃了表达的实在性,因为它既表现为最初的东西,又表现为最后的东西,既表现为单一,又表现为全体。正是因为这个缘故,我现在把《逻辑学》合了起来,并且把这个广大的存在总括为一个理念。因此,在推论中逻辑把我们引回到我们自身,引回到内在的认识活动;起中介作用的、表达的认识变成了直接的认识,——并不是雅可比的那种主观意义下的直接,因为在这种意义之下是没有任何直接认识的。我所指的是另一种直接性。

　　思维是一种直接的活动,因为它是自我活动。任何别的人都不能替我思维;我只有通过我自己才能确信一种思想的真实性。柏拉图对于没有理智的人是没有意义的,是根本不存在的;对于不能把那些思想与他的语言结合起来的人,他乃是一张白纸。写下来的柏拉图对于我只是中介;最初的东西、先验的东西、为一切所依据并返回的根据，乃是理智。赋予理智并不是哲学的权力范围之内的事，因为哲学以理智为前提；哲学只是规定我们的理智。通过一定的哲学产生出概念，并不是实在的产生，而只是形式的产生；并不是无中生有的创造，而只是一种本身还不确定但可得到任何一种规定的、在我之内的、精神性的质料的发展。哲学家只是使我意识到，我能够认识什么东西；他与我的精神能力相结合。因此哲学是从口头或笔下出发，直接回溯到它的真正的来源；它不是为了说话而说话；——因此它对夸夸其谈是有反感的，——它是为了不说话、为了思维而说话的；它并不是为了证明而证明——因此它讨厌这种诡辩的三段式——，它只是为了指出，它像这样证明的东西，在一切证明的原则中，在理智中，是绝对这样的，并且指出，这是一种合乎规律的思想，亦即一种对每个进行思维的人都表现出一种理智规律的思想。证明不是别的，就是指出我所说的是真的；不是别的，就是使思想的外化回到思想的本源。因此如果不谈到语言的意义，是无法理解证明的意义的。语言不是别的，就是类的实现，"我"与"你"的中介，其目的在于通过扬弃"我"与"你"的个别分离性而表达出类的统一性。因此语词的原素就是空气，就是那高度精神性的、最普遍的生活媒介。证明的根据，只是在于思想对于别人所起的中介作用。当我要证明某事时，我就是向别人证明这件事。当我证明、讲述、写作时，我当然不是为我自己而作这样的证明、讲述和写作；因为我不写、不讲、不分析的东西，至少在基本上我也是知道的，——因此常常很难有人去写最熟知的事情，去写一个人绝对确知和明了的事情，因为我们无法理解何以别人不会也知道这个。一位作家，如果去写某件事情，而这件事他是非常明确的,因而写来毫不费力,那么,他就要处在一种特有的滑稽状态中。他在写的时候把他所写的东西破坏了,他在进行证明的时候和证明开上玩笑。如果我必须写,而且必须写得好,写得透彻,那我就应当怀疑别人是否知道我所知道的,至少要怀疑别人是否知道得像我所知道的一样。只是因为这个缘故,我才去传达我的意思。但是我同时还要假定别人必须知道这个,而且能够知道这个。教授并不是勉强硬灌,相反地,教授的人要注意到一种主动的能力,注意到一种认识能力。艺术家以美感为前提;他并不想也并不能创造美感;因为要想使我们发觉他的作品是美的,要想使我们对他的作品有所感受,他就必须假定在我们心中已经有一种艺术感存在;他只能培养美感,只能给予美感一个一定的方向。同样地,哲学家也并不认为自己是一个思辨的达赖喇嘛,并不认为自己一口吞下了理性。哲学家要想使我们认识到他的思想是真的,要想使我们能够理解他的思想,也同样要假定我们心中和他的心中一样有理性,有一个共同的原则,有一个共同的尺度。他所认识的,我们应当认识,他所发现了的,我们要亲自在我们自身中再去发现;因为思维是在我们自身中的。因此全部证明并不是自在自为的思想的一个中介,而是通过语言作为思维(就它是我的思维而言)与别人的思维(就它是他的思维而言)之间的一个中介——其中在我的名义之下集合着两个或三个方面,有我,有理性,有在你中间的真理——或者是"我"与"你"借以认识理性的同一性的一个中介,或者是这样一个中介,我借以确知我的思想并不是我的,而是自在自为的思想,因此它既可以是我的思想,也同样可以是别人的思想。如果我们在生活中对自己的思想是否为人理解、是否为人承认抱无所谓的态度，那么这种无所谓的态度只是对于这个人或那个人，只是对于这一群人或那一群人的，因为我们认为这些人是胸怀偏见的、抱持特殊利益和特殊感情的、无法改进的、彻底堕落的人。人数一般说来在这里是完全无关紧要的。的确，人是能够满足于自己的，因为他知道自己是一个人，他把自己与自己分开，能够自己去做另一个人——人与自己说话和交谈，——同时也因为他知道，如果他的思想并不也是别人的思想（至少就可能性说），那就不是他自己的思想。但是这一切无所谓的态度，这一切自我满足的态度与局限于自身的态度，都仅仅是特殊的现象。我们本来并不是无所谓的；表达思想的欲望是一种根本的欲望，追求真理的欲望。我们只有通过别人——当然不是这些或那些偶然的别人——才能意识到并确认我们自己的事业的真理性。凡是真的，都既非仅仅是我的，亦非仅仅是你的，而是普遍的。把我和你联合起来的思想，是一个真实的思想。这个联合就是认可，就是真理的标志和确证，因为它本身就已经是真理。凡是联合的东西，就是真的和好的。有人反驳说，像这样，窃盗就也是好的和正确的了，因为人们常常联合起来从事窃盗。这种反驳无须回答。窃盗的人都是为了自己的。

凡是为我们所知的哲学家，都或者像苏格拉底那样口头上表达了自己的思想，或者用文字表达了自己的思想，亦即传授了自己的思想，否则他们就自然不为我们所知了。表达思想就是传授；但是讲授却是证明。所以证明并不是思想者或闭关自守的思维对自身的关系，而是思想者对别人的关系。因此证明和推论的方式并不是自在的理性形式①，并不是内在的思维活动和认识活动的形式；它们只是一些传达的方式，表达的方式，只是思想的表达、表象和现象。因此头脑敏捷的人要胜过向他作证明的教师；他以最初的思想在一瞬间就预料到了整整一系列的中介阶段，这些阶段另一个人是必须靠证明才能通过的。一种思维天才，正如一种真正的艺术天才一样，是同样存在的，是作为感受性在所有的人中间同样存在到一定的程度的。我们之所以把传达的形式、表达的形式当作理性的基本形式，当作自在自为的思维的基本形式，只是由于我们把自己的那些基本思想——这些基本思想直接从思维天才产生，我们自己也不知道它们怎样到达我们心中，它们是与我们的本质一同被赋予我们的，对我们是怎样，对另一个人也是怎样，为的是使它得到清楚的意识——都一齐表示和表达出来，教我们自己；只是由于我们总是在思维本身中把我们的思想表露出来，述说出来。因此，证明只不过是手段，我用这种手段从我的思想中取去我个人的形式，使别人把它当成他自己的思想。如果没有传达，证明就是没有意义的。思想的传达并不是物质的传达，并不是实在的传达，——撞击、震动我的耳朵的声音、光线是一种实在的传达。物质性的东西，我是被动地

---

① 因此，所谓判断和推理的逻辑形式，并不是理性的因果关系。这些形式以普遍性、特殊性、个别性、全体、部分、必然性、原因和结果等形而上学概念为前提；只有凭借这些概念，才能够设想这些形式；因此这些形式是设定的、派生的形式，而不是原始的思维形式。只有形而上学的关系才是逻辑关系，——只有作为范畴科学的形而上学才是真正的、秘传的逻辑——黑格尔的深刻思想就是这种逻辑。所谓逻辑形式，只是抽象的、基本的语言形式；不过说话并不就是思维，——否则最大的吹牛家就该是最大的思想家了。我们通常所谓思维，只不过是把一种（或多或少）不熟悉的、难懂的、对我们起天才的影响的陌生作者的意思翻译成我们所了解的话，而所谓逻辑形式只适用于这种翻译，并不适用于原本；因此这些形式并不属于精神的光学，而属于精神的折光学——这当然还是一门未知的学问。——著者

接受：我是在承受；精神性的东西，则只是通过我、通过自我活动而接受的。也就是因为这个缘故，证明者所传达的东西，并不是事物本身，而只是手段；因为他并不是把他的思想像药水一样注射到我身上；他并不是像圣方济各那样向哑鱼说教；他是向能思维的实体讲话。它并不给我主要的东西，并不给我对事物的理解；他什么都不给——否则哲学家实际上就能造出一些哲学家来，这件事到现在为止还没有人办到过——，他倒是以理智为前提的；他只是在镜子里向我——亦即向一般的别人——指出我的理智。他只是一个演员，他现身说法，他只是向我表演出我自己应当在自身中模仿他的事情——表达的、有系统的哲学是戏剧性的、舞台上的哲学，与转向自身的物质思维的抒情诗相反——，他向我说，并向我指出：这是合理的，这是真实的，这是规律；如果你想得对的话，你就应当这样想，并且像这样想这个。他当然要想把我引向他的思想，但是这个思想并非作为他的思想，而是作为普遍合理的思想，因此也就是我的思想；他只是说出了我自己的理智。这样就证明了下列的要求是正当的：哲学应当唤起思维，鼓动思维，而不应当用说出来的或写下来的语言来俘虏我们的理智——所传达的思想正是外化为语言的思想——，语言总是起着扼杀精神的作用的。每一个哲学命题，不管是口述的或书面的，都只有也只能有一种手段的意义。每一个体系都只不过是表现，只不过是理性的影像，因此对于理性说只是一个客体，理性是一个活的东西，是一种不断地化身为新的思维实体的力量，它使这个客体与自己分开，与自己对立起来，成为一个批判的对象。每一个没有被认作单纯手段而被掌握的体系，都对精神起限制和破坏的作用；因为它以间接的、形式的思维代替了直接的、原始的、物质的思维。它扼杀了发明精神；它使精神不可能与文字分别开来，因为语言也是必定要和思想保持在一起的——在这里正好暴露了一切作为外部存在的体系的局限性——，于是一切思想表现、一切体系的原始意义和规定都完全被否定、被摈斥了。一切表达，一切证明——思想的表达就是证明——，按其原始定义说来——我们也只应当守着这个定义——，最终目的就在于引起别人的认识活动。

　　此外，也十分显然，表达或证明对于它自身同时也就是目的——因为一切手段首先就应当是目的。形式应当本身是教人的，应当在客观上表现出来：哲学的表达本身就应当是哲学的；这就证明了要求形式与内容一致是合理的事情。表达如果本身就是哲学的，就是与思想相符的，那就正是有系统的表达。这样一来，表达就有了自在自为的价值了。因此建立体系的人乃是艺术家；哲学体系的历史乃是理性的绘画陈列室、展览馆。黑格尔是最完善的哲学艺术家，他的那些表达至少有一部分是科学的艺术精神的最高典范，更由于它们的严整而成为教育和培养精神的真正手段。但是正因为如此，他也——按照一种普遍的、在这里不予讨论的规律——把形式当成本质，把思想的为他的存在当成自在的存在，把相对目的当成最终目的。他要想在表达中预测理智本身并予以俘虏，把它压缩到体系里去。体系好像应该就是理性本身，把直接的活动完全化为间接的活动，对表达不作任何假定，也就是说，在我们内部不留下任何东西，把我们完全掏得空空如也。黑格尔的体系是理性的绝对自我外化，——顺便要提到，这种自我外化在他那里所得到的客观上的表现，就在于他的自然权利乃是最纯粹的思辨经验主义（例如他甚至推论到长子继承权！）。黑格尔把一切都压缩到表达中，从理智的预存中抽引出一切，而不诉之于我们之内的理智，——他之所以非难形式主义、轻视主观性等等，真正的最后原因就在于此。诚然，黑格尔结果还是取消了中介过程，但是由于形式被设定为客观本质性，人们对于中介过程的客观性或主观性还是有所怀疑。因此，那些主张"绝对"的中介过程只是一个形式的过程的人，诚然在实质上是有道理的，可是那些相反地主张这一过程有客观实在性的人，至少在形式上也不是没有道理的。

因此黑格尔的哲学是思辨的系统哲学的顶峰。在黑格尔哲学里，我们发现了、见到了逻辑的开端的根据。一切都必须得到表达（证明），或者一切都必须转变成表达，化为表达。表达从表达以前所知道的东西进行抽象；它必须做出一个绝对的开端。但是正好在这里立刻就暴露了表达的界限。思维先于思维的表达。表达中的开端只是对于表达的、而不是对于思维的最初的东西。表达需要那些在较晚的时候才出现、但却在内部、在思维中永远呈现的思想①。

---

① 这里用"表达"这个名词所指的意思，在黑格尔哲学中称为"设定"。例如概念本身已经是判断，但是还没有像那样被设定；判断本身已经是推论，但是还没有像那样被设定、被实现。在先的东西已经以在后的东西为前提，但是同时它也应当自为地出现，因此这个被当作前提的（即在后的）、本身是最初的东西又自为地被设定了。按照这个方法，黑格尔把各种并无自为的实在性的规定独立化了。在"逻辑学"的开端，存在就是这样的。那么，存在除了实在的、现实的存在这个意义之外，还有哪一种别的意义呢？存在这个概念与一定的存在、实在、现实等概念有什么区别呢？当然没有；但是，这种分离和区别是不是某种东西？正如同推论形式和判断形式一样，这些形式被黑格尔独立化成为特殊的逻辑关系了。因此肯定判断、否定判断应当表现一种特殊的关系，而且是直接性的关系，相反地，单称判断、偏称判断、全称判断则应当表现反映关系。但是这一切不同的判断形式都只是经验的说话方式，这些说话方式必须归结为这样一种判断，其中宾词包含着主词的本质差别、本性、类，才能表现一种逻辑关系。定言判断、不定判断情形也是一样。这样也就设定了概念的判断，这些形式也应当被设定为特殊的阶段，而定言判断又应当是一种直接的判断。但是这些判断形式以哪一种真实的逻辑关系为基础呢？这种逻辑关系岂不是就在那作判断的主体里面吗？——著者

表达是自在自为的间接的东西;因此最初的东西在表达里面也决不是一个直接的东西,而是一个设定的、依存的、经过中介的东西,因为最初的东西为一些思想范畴所规定,而这些思想范畴是自明的,先于并且独立于自行表达的、在时间中作解释的哲学的。因此表达经常要诉之于一个更高的、对于它说是先验的法庭。黑格尔的《逻辑学》中的"存在",情形是不是这样的呢?"存在是直接的、不确定的、自身相等的、自身同一的、无差别的东西。"可是,在这里岂不是假定了直接、不确定、同一等概念了吗?"存在过渡到无有;它直接消失而成为它的对方,它们的真理就是这个直接消失的运动。"在这里岂不是连表象都假定了吗? 消失岂不是一个概念,甚至可以说是一个感性表象吗?"生成就是不静止,就是存在与无有的不静止的统一;一定的存在就是达到了静止的统一。"在这里,岂不是连静止这样一种最可怀疑的表象也假定了,至少是接受了吗?怀疑论者岂不是可以反驳道:"静止只是一种错觉,一切都在不断的运动中"? 那么,这样一些表象既然只是作为影像,它们在开端的时候应当是什么呢?然而人们可以反驳道,这样一些前提,如相同、同一等概念,是自明的,是完全自然的。否则我们怎样能够设想存在呢? 这些概念是我们认存在为最初者所凭借的必要手段。对的,可是,至少对我们来说,存在岂不是直接的东西吗? 我们不能由之进行抽引的东西,岂不是最初的东西吗? 当然这一点黑格尔哲学也是知道的。逻辑学由之开端的存在,一方面以现象学为前提,另一方面以绝对理念为前提。存在(最初的、不确定的)在最后是被取消了;它被证明是不真实的开端。可是这样逻辑学岂不又是一种现象学了吗? 存在岂不只是现象学的开端了吗? 在逻辑学的范围之内，我们岂不是也处在假相与真理的分歧之中了吗？为什么就不从真实的开端开始呢？"是的，真实的东西只能是结果；真实的东西必须证明亦即表达它自己是这样的。"可是，如果存在本身已经假定了理念，因而理念本身已经被假定为最初者，那么存在又怎样证明自己呢？像这样，难道哲学就应当被建立和证明为真理，因而再也无法对它怀疑，也就是说，怀疑论的怀疑再也没有客观根据了？当然，谁说了甲，也就应当说乙。谁一旦在开头承认了逻辑里的存在，谁也就承认了理念；谁证明了这个存在，谁也就已经证明了理念。可是现在如果有一个人根本不愿意说甲，那怎么样呢？如果他说：你的不确定的、纯粹的存在只是一个抽象的东西，与实在的存在完全不符合；只有具体的存在才是现实的，——那怎么样呢？否则你就给我首先证明普遍的概念具有实在性！那么，我们在这里岂不是遇着了一些普遍的问题，这些问题所涉及的是一般哲学的真理性和实在性，而不是单单这个逻辑的真理性和实在性？逻辑难道是超乎唯名论者与唯实论者的争论之上？（用旧名词来描述一种自然的对立。）难道逻辑有了它的那些最初的概念，就不与感性直观及其代言人——理智——相矛盾了？感性直观难道没有权利反对逻辑？逻辑可以不理会直观的呼声；但是理智也因此不理会逻辑，说道：你是你自己的案子的审判者。那么，我们在这里岂不是遇着了科学开端的那些矛盾，同费希特哲学里的一样？岂不是在费希特那里，是纯粹的"自我"与经验的、现实的"自我"之间的矛盾；在这里，是纯粹的存在与经验的、现实的存在之间的矛盾？"纯粹的自我不再是自我"；而纯粹的、空洞的存在也不再是存在。逻辑学说：我是从一定的存在进行抽象；我并不把存在与无有的统一归属于一定的存在。如果理智觉得这个统一是荒唐可笑的,那它就用一个一定的存在暗中替换掉纯粹的存在,因为说存在应当是无有,这当然是一个矛盾。可是理智又回答了这一点:只有一定的存在才是存在;在存在的概念里,就有着绝对确定性的概念。我从存在本身得到存在的概念;可是一切存在都是一定的存在,——因此,附带说一句,我也认为无有与存在相对立,无有的意思就是非某物,因为我经常总是把存在与某物不可分地结合在一起。因此,如果你放过了存在的确定性,你也就不给我留下任何存在了。因此,如果你指着这种存在说,这就是无有,那是没有什么奇怪的。这是自明的事。如果你从人身上除去他赖以成为人的东西,那你就可以毫无困难地向我证明他不是人。如果你从人的概念中除去人的特有的差别性,这个概念就不再是人的概念,而是一个杜撰出来的东西,就像第欧根尼所说的柏拉图派的人①一样。人的概念是这样,存在的概念也是这样,如果你从存在的概念中除去存在的内容,这个概念就不再是存在的概念了。有多少种不同的事物,就有多少种不同的存在。存在与存在着的事物是同一的。如果你去掉了一物的存在,你也就去掉了它的一切。不要把存在孤立起来当作独立的东西。存在并不是什么特殊的概念,至少对于理智说来,存在就是一切。

那么,逻辑学或一种一定的一般哲学如果从与感性实在矛盾

---

① 根据第欧根尼·拉尔修的记载,犬儒派的第欧根尼曾嘲笑柏拉图派给人下的定义("人是两足而无羽毛的动物");他用拔了毛的雄鸡向听众介绍说:"这就是柏拉图派的人。"——俄文编者注

开端,从与现实的理智矛盾开端,而不解决这个矛盾,它又怎样能够证明真理性和实在性呢? 它自己证明自己是真实的,这是毋庸置疑的,不过问题并不在这上面。证明要有两方面。在证明时思想者分化为二;他与自身相矛盾,只有当思想经历并克服了这种自我对立时,它才是一个被证明了的思想。证明不是别的,就是反驳。每一个理智规定都有它的对立面,它的矛盾。真理并不在于与它的对立面统一,而在于驳倒这个对立面。辩证法并不是思辨的独白,而是思辨与经验的对话。思想者之为辩证法者,只在于他就是自己的反对者。怀疑自己,乃是最高的艺术和力量。因此,哲学或逻辑学如果要想为自己作出证明,就必须驳倒否定它的、唯一与它矛盾的理性经验或理智;否则,它的一切证明就依然与理智相对立,只不过是主观的保证。存在——逻辑学所理解的一般存在——的对立面并不是无有,而是感性的具体存在。感性存在否定逻辑上的存在;这个与那个矛盾,那个又与这个矛盾。解决了这个矛盾,也就证明了逻辑上的存在的实在性,证明了现在理智认为是抽象的东西并不是抽象。

唯一在开始的时候无所假定的哲学,是具有怀疑自己的自由和勇气的哲学,从自己的对方中间产生出来的哲学。可是近代哲学全部都是从自己开始的,而不是从自己的对方开始的。它们直接假定哲学为真理,亦即假定自己的哲学为真理。在它们那里,中介作用或者只具有阐明的意义,像在费希特那里那样,或者只具有发展的意义,像在黑格尔那里那样。康德以批判的态度对待旧形而上学,但是并未以批判的态度对待自己。费希特假定康德哲学为真理。他要想做的,不过是把康德哲学提高为科学,把在康德那里分散的东西结合起来,从一个共同的原则中引导出来。谢林一方面也是假定费希特的哲学为已经确定的真理,另一方面他又是与费希特相反的恢复斯宾诺莎的人。黑格尔是通过谢林为中介的费希特。黑格尔对谢林的"绝对"进行了论战;他看出了其中缺乏反映、理智、否定性等环节,也就是说,他以概念的精子(费希特的自我)使绝对同一性的子宫受到鼓舞、受到规定、受了胎;但是同时他却假定"绝对"为一个真理。他对于绝对同一性的存在,对于它的客观实在性并没有提出争辩;他假定了谢林的哲学是一种本质上真实的哲学;他只是对它的形式方面的缺点提出非难。因此,黑格尔对于谢林的态度,正如费希特对于康德的态度一样。对于这两个人说来,在内容上、实质上真实的哲学是存在的;这两个人都只有一种纯粹科学的兴趣,在这里也就是体系的、形式的兴趣。两个人都只批判了当时哲学的特殊方面、某些特性,而没有批判它的本质。"绝对"是存在的,这一点没有疑问;但是"绝对"应当得到证明,应当得到如实的认识。这样"绝对"就变成了结果,变成了起中介作用的概念的对象,亦即一种科学真理,而不单单是理智直观的一种保证。

但是也正因为如此,在黑格尔那里,对"绝对"的证明——且不管证明过程中的科学严格性——在本质上、原则上只具有一种形式的意义。黑格尔哲学在它的开端和出发点上就提供给我们一个矛盾,而且是真理性与科学性之间的矛盾,本质性与形式性之间的矛盾,思维与写作之间的矛盾。当然,在形式上并没有假定绝对理念,但是在本质上是假定了。黑格尔把他预先提出来当作中介阶段和环节的东西,已经设想成为绝对理念所规定的东西。黑格尔没有放弃，也并没有忘记绝对理念，他在假定绝对理念时，已经设想到它的对方，它是应当从这个对方中产生出来的。绝对理念在得到形式上的证明之前，实质上已经得到了证明，因此它是永远不能证明的，对于另外一个人说来永远是主观的，因为那个人在理念的对方中已经见到一个前提，这个前提是理念自己预先提出来的。理念的外化，可以说只是一种伪装；它只是这样做，但是这对于它说来并不是认真的事；它是在表演。逻辑学的开端是令人信服的证明，它的开端应当就是一般哲学的开端。从存在开端，乃是一种单纯的形式主义，因为这并不是真正的开端，并不是真正最初的东西；从绝对理念开始也同样是可以的，因为在黑格尔看来，早在他写他的《逻辑学》之前，也就是说，早在他赋予他的逻辑理念以一种科学的表达形式之前，绝对理念就已经是一种明确性，一种直接的真理。绝对理念——对于“绝对”的理念——就是作为绝对真理的无可怀疑的明确性；它假定自己是真的；理念假定为他物的东西，在本质上又已经假定理念为前提。所以证明只是一种形式的证明。对于作为思想者的黑格尔说来，绝对理念是绝对的明确性，对于作为写作者的黑格尔说来，则是形式的不明确性。在无所要求的、驾驭表达的、认为事情已经完成的思想者与有所要求的、继续写作的、将思想者认为明确的东西当作形式上不明确的东西而加以对象化的写作者之间，存在着这样的矛盾。这种矛盾就是绝对理念的过程：绝对理念以存在和本质为前提，但是存在和本质实际上又已经以理念本身为前提。这一点是唯一充分说明逻辑的实际开端与处在终结之中的真正开端之间的矛盾的根据。在黑格尔的内心深处，像我们所说过的那样，绝对理念是一种明确性；他在这里并不是批判者,并不是怀疑论者;但是绝对理念必定要得到证明,必定要脱出主观理智直观的限制,它也必须是为他的。这样一来,证明就具有一种本质的意义,而同时又具有一种非本质的意义;证明是一种必要的东西:绝对理念必须得到证明,它之所以如此,只是由于它是自行证明的东西——但是对于理念的真理的内在明确性说来,证明同时又是一种多余的东西。黑格尔的方法,就是这种多余的必要性的表现,就是这种可以避免的不可避免性或不可避免的可以避免性的表现;因此开端就是终结,终结就是开端;因此存在已经是理念的明确性,存在不是别的,就是具有直接性的理念;因此理念对于自己的开端的无知是一种在理念的意义下仅具讽刺意味的无知。理念所说的和所想的不同;它说:存在,它说:本质,但是它所存想的却只是它自己。只有在终结的时候,它说的才和想的一样;不过这时它也撤回了它在开端时所说的话,并且说:您在开端和过程中一直认为是另一个东西的,您瞧! 这就是我自己。存在、本质就是理念,但是理念还不承认这就是它自己;它还为自己保守秘密。

我再说一句,正是因为这个缘故,绝对理念的证明、中介只是一种形式的中介。理念并不是通过一种实际上另外的东西——这种另外的东西只能是经验的、具体的理智直观——来产生和表明自己,它是从一种形式的、表面的对立中产生自己的。存在本身就是理念。如果证明了存在,也就已经证明了理念。但是现在所说的证明不是别的,就是将一个(可能的或现实的)另外的东西带到我自己的信念里来。真理只在于"我"与"你"的联合。但是纯粹思维的对方一般地就是感性的理智。因此哲学范围内的证明只在于克服感性理智对纯粹思想的矛盾,思想不仅对自身是真实的,而且对它的对方是真实的;因为虽然每一个真实的思想都只是通过自身而真实,然而在一个表现对立面的思想里,却只要它只是建立在自身之上,它自身提供的证据就只是一个主观的、片面的、可疑的证据。可是逻辑上的存在却是对于经验的、具体的理智直观的一种直接的、无中介的、尖锐的矛盾,而且只是理念的一种宽容,一种垂顾,因而本身已经是尚待证明的东西,所以我要进入逻辑,正如进入理智的直观一样,只有凭借一种强制行动,凭借一种超越的行动,凭借与现实的直观直接分裂。因此黑格尔哲学所遇到的非难,与从笛卡尔和斯宾诺莎起的整个近代哲学所遇到的非难是一样的,就是非难他与感性直观直接分裂①,非难他直接假定了哲学。

　　现象学②并不是对于这一点的反驳,因为逻辑学以现象学为背景;但是那与逻辑上的存在相对立的存在却总是浮现在我们面前,为它的这个对方本身必然引起,并与逻辑发生矛盾,而且到了这样的程度,以至逻辑成了一个新的开端,重新开始,因而理智也就被推到头脑的前面去了。我们还是给予现象学一种对于逻辑学的积极的、现实的意义吧!黑格尔是从思想的对方中间,或者一般地从理念的对方中间创造出来理念或思想吗?我们来看看!第一章③的内容是:"感性的明确性,或'这个'与'以为'"。他描述了意

————————

①　诚然有一种不可避免的分裂,存在于一般科学的本性之中;但是说它是一种直接的分裂,却并无必要。哲学采用这种分裂为手段,是由于它是从非哲学中产生的。——著者

②　指黑格尔的著作《精神现象学》。——译者

③　同上。

识的一个阶段,在这个阶段里,感性的、个别的存在对于它乃是真实的、实在的存在,但是以后却悄悄地显示为一种普遍的存在。"'这里'是一棵树";可是我往前走一步又说:"'这里'是一所房子"。最初的真理已经消失了。"'现在'是夜晚";可是过了不久又说:"'现在'是白天"。最初所存想的那个真理现在变成"无聊"了。于是"现在"便显示为一个普遍的"现在",一个简单的(否定的)"多"。"这里"也是一样。"'这里'本身并不消失,它是存留在房子、树等等的消失里,与房子、树没有什么关系。因此'这个'又显示为作为中介的单纯性或普遍性。"因此,我们在感性确认中所存想的那个个别的东西,我们是再也不能说出来了。"语言是比较真实的东西,在语言里,我们甚至直接驳斥我们的意见,并且因为感性确认的真实的东西乃是普遍的东西,而语言只是表达这个真实的东西,所以我们要说出我们所存想的一个感性存在,是决不可能的事。"可是这难道是对感性意识的实在性的一个辩证的反驳吗?难道这样一来普遍的东西便被证明为实在的东西吗?对于预先已经确认普遍的东西为真实的东西的人说来,诚然可以这样说;但是对于感性意识,对于我们说来,却不能这样说,我们是站在这个立场上,或者采取这个立场,并且愿意相信感性存在是不实在、而思想是实在的!我的兄弟名叫约翰·阿道尔夫;可是除了他以外还有无数的别人也叫约翰·阿道尔夫。难道由此便应当说我的约翰没有真实性吗?难道由此便应当说"约翰性"是一个真理吗?对于感性意识来说,一切语词都是名词,都是 Nomina propria(专有名词);它们对于意识本身是完全无关紧要的,它们对于意识来说只不过是一些符号,是以最简捷的方法来达到意识的目的的。语言在这里根本无关紧要。感性的、个别的存在的实在性,对于我们来说,是一个用我们的鲜血来打图章担保的真理。在感觉领域内,可说是以眼还眼,以牙还牙。实质上是来是语词,去也是语词。告诉我,你在那里说些什么。对于感性意识来说,语言正是不实在的东西,虚无的东西。那么感性意识怎样会由于个别的存在不能言说而发觉自己被驳倒,或者被驳倒了呢? 感性意识正是在这当中发现了一种对语言的反驳,而不是一种对感性确认的反驳。在这一点上,感性意识在自己的范围之内是完全正确的;否则我们在生活中就会满足于空言而不要实事了。因此,《现象学》整个第一章的内容,对于感性意识来说,无非是仅仅在相反的意义下重提的麦加拉派的斯提尔庞的滥调,无非是确认自身就是真理的那种思想同自然意识要的语言把戏。但是意识是不会迷惑的,它无论过去和将来都始终坚持个别事物的实在性。“这里”(为什么不是在这里存在的东西呢?)、“现在”(为什么不是现在存在的东西呢?)对于感性意识说来,对于我们这些为感性意识作辩护、愿意肯定另外一个东西、一个更好的东西的人说来,决不会以这种方式变成一个作为中介的、普遍的“这里”,一个作为中介的、普遍的“现在”。今天是“现在”,但是明天又是“现在”,并且它仍然是那个与昨天完全相同的、没有改变的和无法改进的“现在”。这里是一棵树,那里是一所房子,可是在那里我又说:这里;“这里”永远是那个古老的“到处”和“无处”。感性的存在、“这个”消失了;但是又来了另一个存在代替它,这个存在同样是一个“这个”。所以,自然虽则驳斥了这个个别的东西,但是它又修改了自己;当它将另外一个个别的东西放在原来那个东西的位置上时,它是反驳了反驳。因此,感性的存在在感性意识看来就是始终保持不变的存在。

　　我们在《逻辑学》的开端中所遇见的那个直接的矛盾和分歧，现在在《现象学》的开端里又出现在我们眼前——作为现象学的对象的存在与作为感性意识的对象的存在之间的分歧。现象学上的"这里"与我所认定的另外一个"这里"丝毫没有分别；因此它也显示为一个普遍的东西，因为事实上已经是一个普遍的东西。但是实在的"这里"正是以实在的方式有别于另一个"这里"，这是一种排他性的"这里"。"例如'这里'是树。我转过身来，这个真理就消失了。"当然，在现象学中，只要说句把话就转过身来了；可是在实际上，当我必须把我的笨重的身体转过来的时候，那个"这里"仍然作为一种非常实在的存在在我的背后向我显示着。树限制了我的背；它把我推出它原来占据的地位。黑格尔所反对的，并不是作为感性意识的对象的、异于纯粹思维而成为我们的对象的那个"这里"，而是逻辑上的"这里"，逻辑上的"现在"。他反对那种关于特定的存在（Diessein）的思想，反对 Haecceitas（"这性"）；他指出个别的存在是不真实的，指出了它如何在表象中被固定为一种（理论上的）实在。现象学不是别的，就是现象学上的逻辑学。——只有从这个观点，才能对关于感性明确性的这一章有所谅解。但是黑格尔实际上并没有深入地观察过、思想过感性意识，感性意识之为对象，只是作为自我意识、思想的对象，它只是自我确认范围内的思想的外化。正是因为这些缘故，所以现象学或者逻辑学——因为这是一样的——也从直接假定自身开始——因而也就从与感性意识直接矛盾、绝对分离开始。因为它像我们说过的那样，并不是从思想的对方开始，而是从关于思想的对方的思想开始，在这里面思想自然已经预先认定要战胜它的对方了——因此思想便嘲弄它的对方,把它说成最好的东西。但是正因为如此,思想也就并没有驳倒它的对方。

　　如果完全不管现象学的意义的话,那么,黑格尔就是像上面说过的那样,从他一开始研究哲学起,就从假定绝对同一性开始了。关于绝对同一性或一般"绝对"的理念,对于他说来,就是客观真理;并且不仅是一个客观真理,而且是绝对真理、绝对理念本身——绝对理念,也就是再也不能怀疑的、超出一切批判和怀疑之上的理念。但是对于"绝对"的理念,从它的积极意义说来,仍然只是对于客观性的理念,与康德、费希特哲学的对于主观性的理念相对立。所以我们不应当把谢林哲学理解为它的门徒们①所想象的"绝对"哲学,而应当把它理解为批判哲学的对立物。大家都知道,谢林——起头是走与唯心主义对立的、相反的道路的。自然哲学事实上——起头也只是倒转过来的唯心主义,因此从后者过渡到前者也不是难事。唯心主义者也曾在自然中看到生命和理性,但是只把它看成他自己的生命、他自己的理性。他把他在自然中所看到的东西亲手放进了自身;因此他把他给了自然的东西又收回到自身之内:自然就是客观化了的自我,就是自己在自身之外观看到的精神。因此唯心主义也是主体与客体、精神与自然的一种同一,不过自然在这种统一里只具有客观的意义,只具有精神所设定的东西的意义。因此只有把自然从唯心主义者加在它身上使它与

----

　　① 我们要正确地认识、评价和判定黑格尔哲学,只有承认它尽管在形式上采纳了费希特主义,在内容上却与康德主义和费希特主义相反。——著者

他的自我捆在一起的那个束缚中解放出来,恢复其独立的存在,才能使自然具有它以后在自然哲学中所具有的那种意义。唯心主义者对自然说:你是我的 alter Ego,我的另一个自我;可是他只强调自我,因此他的话的意思就是,你是我自己的流出物、反射,你对于你自己根本不是什么特殊的东西。自然哲学家说的话也是一样,不过他强调 Alter(另一):它当然是你的自我,不过是你的另一个自我,因此是本身实在的、与你有别的自我。因此,精神与自然的同一性的意义,起初在自然哲学中也是一种纯粹唯心主义的意义。"自然只是我们理智的可见的机体。"(《自然哲学体系概论》①导言)"机体本身只是心智的一种直观形式。"(《先验唯心主义》②,第265页)"很明显,自我建立物质时,真正说来是建立自己。——所以,这个产物,也就是物质,完全是自我的建立物,但并不是对自我本身来说的,自我与物质还是同一的。"(同上书,第189页)"自然应当是可见的精神,精神应当是不可见的自然。"(《对一种自然哲学的看法》,导言,第64页;参看上书第128页以下对物质概念的绝妙的推演。)自然哲学只应当从客观的东西开始,但是应当达到唯心主义通过自身并由自身达到的同一结果。"一切科学的必然倾向,是从自然达到心智。"(《先验唯心主义》,第3页)"自然哲学的任务,就在于以客观的东西为第一性的东西,并从其中引导出主观的东西!一切哲学都应当努力或者从自然中引导出一个心智,或者从心智中引导出一个自然。"(同上书,第6页)因此,自然哲学

_____

① 谢林的著作。——译者
② 同上。

是听任唯心主义不折不扣的存在；真正说来，它只是要想用经验的方法来证明唯心主义先验地由自己说出的东西。两者之间只有一种途径上、方法上的不同。但是在这种对立的基础上还是有一种对立的观点，换句话说，从这种方法里至少不可免地一定要发展出一种观点来。以这种方法，自然界就要不可避免地得到一种对于它自身的意义。对象已经从主观唯心主义的限制中解放了出来，因为已经把它当成一种特殊科学的对象。自然已经不是一个派生的、设定的东西，而是一个第一性的、独立的东西：虽然它并不是自在地这样，但至少对于自然哲学说来是这样的。自然界得到了一种与费希特的唯心主义相对立的意义。但是，自然界在唯心主义中所具有的以及对于唯心主义说来的那种意义，亦即与自然哲学直接对立的那种意义，是仍然始终保有它的正确性的，一般的唯心主义是仍然不折不扣地继续保持着它的全部权利和要求的。因此，我们有两种独立性、两种互相对立的真理代替了费希特的自我的唯一绝对确定的独立性和真理：一种是唯心主义的真理，它否定自然哲学的真理；另一种是自然哲学的真理，它又否定唯心主义的真理。对于自然哲学来说，只有自然存在；对于唯心主义来说，只有精神存在。对于唯心主义来说，自然只是对象，只是偶性；对于自然哲学来说，自然乃是实体，乃是主体兼对象，乃是在唯心主义范围内心智仅仅归之于自己的那个东西。但是两个真理、两个"绝对"乃是一个矛盾。那么我们怎样从否定唯心主义的自然哲学和否定自然哲学的唯心主义之间的这种分歧里面走出来呢？只有这样办：我们把两者一致同意的宾词当作主词——这样我们就有了"绝对"，有了完全独立的东西——把主词当作宾词："'绝对'是精神和自然"。精神和自然只是同一个"绝对"的宾词、规定、形式。可是现在"绝对"是什么呢？无非是这个"和"，即精神与自然的统一。可是这样我们有没有前进一步呢？我们岂不是在自然的概念本身中已经有了这个统一吗？自然哲学并不是关于一种与自我对立的对象的科学，而是关于一种本身即是主体兼对象的对象的科学，也就是说，自然哲学同时就是唯心主义。主体和对象的概念在自然概念中的结合，正是唯心主义所造成的鸿沟的消除，心智的东西与非心智的东西的鸿沟的消除，因此也正是自然与精神的鸿沟的消除。那么，"绝对"与自然又有什么不同呢？"绝对"是绝对的同一性，绝对的主体兼对象；自然是客观的主体兼对象；心智是主观的主体兼对象。哎呀，真是有意思！真是出乎意料之外！在这里我们又站到唯心主义的二元论立场上去了；原来给了自然的东西顷刻之间又被剥夺了。自然是主体兼对象再附上客观性的加号，也就是说，自然的积极性概念乃是客观性的概念，因为只有加号才能造成一个概念，而自然并不飘失在"绝对"的虚空之中，自然乃是自然；精神的概念也是一样，因为精神乃是精神，并不是一个空洞的、无名的东西，而是主观性的概念，它是以主观性的加号为它的标志的。可是现在我们是不是比开头更明白一点呢？我们岂不是又背上了主观性和客观性的旧包袱了吗？如果认识了"绝对"的话，换句话说，如果把"绝对"从绝对不确定的昏暗状态中——在这种状态中"绝对"只是表象和幻想的对象——引进概念的光明之中的话，那么，我们就只有把"绝对"或者认作精神，或者认作自然。一门关于作为"绝对"的"绝对"的科学是没有的，有的始终或者是关于作为自然的"绝对"的科学，或者是关于作为精神的"绝对"的科学,因此,要么是自然哲学,要么就是唯心主义;虽则两者是同时存在的,然而自然哲学只是关于作为自然的"绝对"的哲学,唯心主义只是关于作为精神的"绝对"的科学。可是,如果自然哲学是以作为自然的"绝对"为对象的话,那么,积极性的概念就只能是自然的概念,也就是说,宾词又变成了主词,而主词、"绝对"变成了一个空洞的、毫无所指的宾词。这样,我就可以直接把"绝对"从自然哲学中勾销;因为"绝对"既可以用于精神,也同样可以用于自然,既可以用于这个一定的对象,也可以用于另一个和它相反的对象,既可以用于光明的东西,也可以用于滞重的东西。这样,对于我说来,"绝对"就作为一种纯粹不确定的东西、一种 Nihil negativum(消极的无有)而在自然的概念中消失了,或者,如果我不能从脑子里除去"绝对"的话,那么,对于我说来,自然就在"绝对"面前消失了。因此我们也只是把自然哲学归结为在消失中的规定和区别,亦即归结为这样一些区别和规定:它们事实上只是想象的规定,只是关于区别的表象,而不是实在的认识范畴。

正因为如此,谢林哲学的积极意义只是在自然哲学中,与费希特的唯心主义的局限性相反,费希特的唯心主义对自然只是采取一种消极的态度。因此我们也不必惊奇,这位自然哲学的创始人只是从实在的方面陈述了"绝对";因为从理想的方面对"绝对"的陈述,起初就已经在费希特主义自然哲学的背后了。无论如何,同一哲学是恢复了一种遗失了的统一;不过这并不是由于它把这种统一客观化成为"绝对",成为一种共同性的而又与精神和自然不同的实体——因为这个"绝对"只是唯心主义与自然哲学的一个不男不女的混合物,是由自然哲学创始人身兼唯心主义者与自然哲学家的双重身分而产生的——，而只是由于这个统一的概念正是作为主体兼客体的自然的概念，因而也就是整个自然的恢复。

　　自然哲学与唯心主义的积极方面也发生对立，这只是由于它并不满足于这种与主观唯心主义的对立（这种对立是它的积极贡献），不承认自己有界限，要想成为绝对的哲学。康德造成了一种矛盾——这种矛盾对于他是必然的，在这里不必讨论了——，他对肯定的、合理的理性界限作了错误的理解和解释，因为他把这些界限当成了限制。限制是任意的界限，不是必须存在的界限，而是可以消除的界限。同一哲学否定了这些限制，同时也否定了理性与哲学的积极的界限。思维与存在的统一或直观，在自然哲学中，无非是思维与想象的统一。哲学现在变成了美丽的、诗意的、舒适的、浪漫的哲学，可是这样也就变成了超越的、迷信的、绝对无批判的哲学了。全部批判的根本条件，亦即主观与客观的差异，已经消失不见了。进行辨别和判断的思维，只是被当成一种有限的、消极的活动了。既然这样，同一哲学终于无力地、无批判地陷于哥尔利茨的鞋匠①的神秘主义，又有什么奇怪呢？

　　黑格尔是在这种哲学里面，以这种哲学为出发点，来进行哲学研究的，他并不是追随这种哲学的创始者的门徒，而是朋友的身份。黑格尔是使哲学从堕入想象的领域中复兴起来的人。有一个黑格尔派的人，曾经很正确地把亚里士多德评论阿那克萨哥拉的一句话用在黑格尔身上说：他在自然哲学家中，好像一群醉汉中唯一清醒的人。思维与存在的统一在他那里得到了一种合理的意

---

　　① 　指德国哲学家雅科布·波墨。——俄文编者注

义——但却不是超乎批判之上的意义。他的原则是思维的精神。他采纳了理性主义的成分——理智——到哲学里,把它当作"绝对"本身的一个环节。这个理智他并没有从想象和断言中排除,但是事实上是排之于绝对理念之外了。表达这个意思的形而上学命题便是:不应该把否定的、不同的、作为反思对象的东西只是消极地当作有限的东西,而应该把它当作积极的、本质的东西。黑格尔由此得到了一个否定的、批判的成分。但是同时绝对的理念也决定了他。虽然他承认"绝对"中没有理智或形式原则——这两者在"绝对"中是同一的——,虽然他设定这个原则于"绝对"中时对"绝对"本身作了与谢林不同的规定,虽然他因此把形式提高为一种本质的东西,但是形式——形式必然在它的概念中——却又只具有形式的意义,理智却又只具有一种否定的意义。内容是真实的,是思辨的、深刻的,——绝对哲学是这样说的,——但是却缺乏概念,缺乏形式。概念、形式、理智之被设定为本质的东西,是因为把这些东西的欠缺认作缺点。但是,如果形式是真实的,这个缺点本身也就只是一个形式的缺点,——这也同时证明了上面关于黑格尔的方法所说的那些话。因此,属于哲学的东西,真正说来,只不过是形式、概念。虽说哲学在自己的范围内已经把内容采纳到概念形式中,因而应当独立地产生出内容,然而内容毕竟是一个给予的内容;哲学只有批判地区别开本质的东西与非本质的东西,才能够把握内容;非本质的东西,也就是表象、感性等等的独特形式所加上去的东西。因此哲学在黑格尔那里具有一种批判的意义,但却不是发生学观点的批判意义。发生学观点的批判哲学是这样一种哲学,它对于一个由表象提供的对象——因为黑格尔所讲的无条件地是直接由自然提供的、纯粹实在的对象——并不作武断的证明和理解,而是研究其起源,怀疑对象究竟是一个真实的对象,还只是一个表象,或者一般地是一种心理现象;因此它是极其严格地区别开了主观的东西和客观的东西。发生学观点的批判哲学的主要对象,就是我们通常称为第二性原因的东西;它与绝对哲学的关系,如果用一种比较法来使这种关系更明了的话,可以说如同纯粹的自然观点或自然哲学观点与神学自然观的关系一样:绝对哲学只是假定"绝对"为前提,从而进行思维,因此把主观心理过程和思辨的需要,例如波墨的上帝的中介过程,当作"绝对"的过程;神学自然观则把彗星或其他显著的现象当作上帝直接造成的结果;例如神学以为树上的瘿块是有人格的恶魔所造成,自然哲学则指出这只是无罪的虫咬所致。黑格尔哲学是理性神秘论,——因此它是独特的、自成一类的,因此它对于神秘的思辨心情和合理的思想都是既有所取,而又有所舍:在神秘的思辨心情看来,神秘的东西与合理的东西相结合,乃是一种无法忍受的矛盾,因为概念厌弃这种心情,破坏暧昧表象的神秘魅力;而在合理的思想看来,合理成分与神秘成分的结合乃是有抵触的。主观与客观的统一,是谢林提出来并定为哲学本身的顶点的,在黑格尔哲学中也还是基础,虽然黑格尔只是形式地把它放在正确的地位上,放在哲学的终结上作为结果;这个统一对于哲学说来既是一个不产生效果的原则,又是一个有害的原则,因为它在特殊事象中取消了主观与客观的区别,妨碍了发生学观点的批判思维,寻求条件的思维,真理的追求。因此,黑格尔事实上是把仅仅表示主观需要的表象了解为客观真理,信以为真,这是因为他没有追索这些表象的根源,没有追索引起这些表象的需要所致；他把细看起来极度可疑的东西当作真的，把第二性的东西当作第一性的东西，而对真正第一性的东西或者不予理会，或者当作从属的东西抛在一边；他把个别地、相对地合理的东西证明成自在自为地合理的东西。因此，我们看到，在《逻辑学》的开端，由于缺乏发生学观点的批判研究，"无"——一个很接近绝对理念的表象——便起了作用。可是这个"无"是什么呢？"凭着亚里士多德的影子发誓！"这个"无"是绝对无思想、无理性的东西[1]。"无"是根本不能被思维的，因为思维照黑格尔本人的说法就是规定；"无"如果被思维了，也就是被规定了，那也就不再是"无"了。如果说得正确的话，不存在的东西是根本没有宾词的。对于不存在的东西是不能有任何知识的[2]。我们称无任何概念与之相应的东西为"无"（据沃尔夫）。思维只能思维存在的东西，因为它本身就是一种存在的、现实的活动。有人对异教哲学家们提出责难，说他们没有克服物质的永恒性，世界的永恒性。"物质"在他们那里只有"存在"的意义，只是对于"存在"的感性表述；因此人们只是责难他们曾经思维过。可是基督教徒们难道排除了"存在"的永恒性亦即实在性吗？他们只是把永恒性挪到一个特殊的存在里，挪到上帝身上，把上帝想成自身的基础，想成没有开端的存在。思维是不能超出存在的东西之外的，因为它不能超出自身的范围之外，因为理性只应当判断存在，因为可以被思维为生成的只是这

---

① 黑格尔就把"无"称为无思想的。"在一定的存在里，无思想的'无'变成了界限。"（《逻辑学》，第3卷，第94页）——著者

② 参看亚里士多德：《分析后篇》，第2卷，第7章，第2节，以及第1卷，第10节。——著者

个或那个存在，而不是存在本身。思维活动之所以被证明为有根据的、现实的活动，正是由于它的第一个和最后一个概念就是没有开端的存在的概念。奥古斯丁的"无"只是绝对任意和无思想性的表现；这个"无"之所以被思辨学者们认为如此尊严，如此深刻，正是由于它什么也不包含。除了绝对任意之外，我不能设想世界有什么其他的原因，也就是说，我除了无原因、除了一个单纯的、空洞的意志活动以外，不能设想有任何其他的原因；但是，如果我并不以一种思维的材料为根据，理性就正是从一种单纯的意志活动出发；我的话就是空无一物，我所表现的就只是我自己的无知，我自己的任意。"无"是一种绝对的自我欺骗，πρῶτον ψεῦδος（根本错误），绝对的内心虚伪。关于"无"的思维是一种自己反驳自己的思维。谁要是思维"无"，就正是不思维。"无"是思维的否定；因此只有把它当成某种东西，才能思维它。当它被思维的那一刻，它是不被思维的，因为我总是思维"无"的反面。"'无'是简单的自身相等"。是这样的吗？可是简单和自身相等是不是实在的规定呢？当我思维简单的相等时，我是思维"无"吗？当我要想设定"无"的一刻，"无"不是被否定了吗？"'无'是完全的空虚、无规定、无内容、自身无区别。""无"是自身无区别的吗？既然据说世界是从它、从"无"里面创造出来的，因而说从"无"里面创造世界，就是把"无"当成了一种近乎物质的东西，那么我岂不是设定某种东西到"无"里面去了吗？那么，我能够只是讲"无"，而不责备自己说谎吗？"无"是完全的空虚吗？什么是空虚呢？空虚就是无物存在，但是应当有物存在或者可以有物存在的地方，那么空虚就表示着一种容量了。这样，"无"岂不几乎就成了最有容受力的实体了？它是绝对无规定、无内容吗？不涉及内容和规定，我是不能思维无内容、无规定的东西的；除了通过规定，对无规定的东西我是没有任何概念的。我用"没有"这个词是表示一种欠缺，一种非难；所以我是把内容、把规定想成第一性的东西，因为它是积极的东西；所以我是通过不是"无"的东西来思维"无"。我是把"无"联系到充满内容的东西上的，不过在这个地方我是设定了联系，设定了规定。既然思维是这样一种绝对确定的活动，亦即绝对肯定的活动，那么，在思维绝对无规定的东西时，就是把它当作一个确定的东西来思维；所以关于"无"的思想，事实上就直接表明是一种思维的不可能，是一种根本不能思维的东西！如果"无"事实上可以思维，那么理性与非理性之间的差别、思想与无思想之间的差别就消失了，那么一切可能的东西，以及最不可能的东西，以及最荒诞不经的东西就都可以思维、都可以得到证明了。所以，只要把从"无"中创造世界看成一个思想，看成一条真理，就会把那些最荒诞的幻想、最不经的奇迹看成可能的事情，这些确实都是由"无"中得出的自然结论，"无"是一个被奉为神圣的权威，站在世界创造的顶峰上面。"无"是理性的界限。一个康德派的信徒，会由此出发得出理性有局限性的结论，和由其他的界限出发一样。但是"无"是一个理性的界限，是理性自身设下的一个界限，这个界限表明了理性的本质性和实在性，因为"无"正是绝对无理性的东西。理性如果能够思维"无"，那它也就不再是理性了。

但是"'某物'或'无'是否被直观到或思维到，还是一种区别。直观或思维'无'是有一种意义的；'无'是在我们的直观或思维里面，甚至可以说，'无'就是空的思维和直观本身"。然而空的思维并不是思维。空的思维是空话,是一种想象出来的东西,而不是真实的思维。如果思维"无"也有一种意义——当然也有一种意义,不过它的意义只在于不是思维——,而且有这样一种意义,即是,由此可以推出"无"的客观意义来;那么,认识"无"也就意味着认识,因而我要是说一个没有认识的人认识个"无"①,也就可以反驳我说:你把"无"归给了认识;他认识个"无",那他就不是没有认识的了。"无"只是一个带感情的略语,表示不实在、不适当、没有这种或那种规定、不合理等等。所以我说"自相矛盾的东西就是'无'"的时候,"无"只不过是一个同语反复,意思无非就是说:它自相矛盾,它自己反驳自己,它是不合理的。"无"在这里只有语言上的意义。但是人们还可以反驳说:"'无'对于思维、表象等等,还是有它的存在;所以说,'无'虽然在思维、表象中,但是它并不因此存在,只有思维或表象有这种存在。"我们是不是承认,"无"出现在我们的表象、想象中,因此也就是逻辑学的对象?鬼怪也出现在我们的表象中,可是它难道因此也就是一个实在的东西,成为心理学的对象吗?诚然鬼怪是哲学的对象,不过这只是为了研究见鬼和信鬼的来源而已。那么"无"与思辨想象的鬼怪事实上又有什么不同呢?"无"是一个并非表象的表象,是一个并非思想的思想,正如鬼怪是一个并非实体的实体,一个并非形体的形体一样。"无"的来源,岂不是和鬼怪的来源一样,都是黑暗吗?感性意识对于黑暗的表象,岂不就是抽象意识对于"无"的表象吗?黑格尔本人就说:

---

① Er *weiß* Nichts,这是德文的一种特殊结构,意即"什么都不知道"。中文没有这种说法。——译者

"'无'在这里就是存在的纯粹缺乏，Nihil（"无"）就是 privativum（缺乏），正如黑暗就是光明的缺乏一样。"所以这里是承认了"无"与黑暗之间有一种相似——只要我们见到，眼睛不能看见黑暗，理智也同样不能思维到"无"，这种相似就立刻显露出来了。而正是这种显明的相似，引导我们发现它们的共同来源。与存在对立的"无"，是东方人想象力的一个结果，他们把没有实质的东西本身想象成实质，把死与生对立起来，当作一个独立的毁灭性原则，把黑夜与光明对立起来，好像黑夜不仅是光明的纯粹缺乏，而且是某种本身有积极性的东西似的。所以，黑夜作为一个与光明对立的实体，具有多少实在性，"无"作为一般存在的对立物，也就具有多少根据和合理实在性，甚至可以说还要更少一些。然而，把黑夜实体化了的地方，只是人还没有分开主观与客观的地方，只是人把自己的主观印象和感觉当成客观性质的地方，只是人的表象的视野还极其狭窄的地方，只是人把自己的地区观点当作世界的观点、全宇宙的观点的地方，因此在这个地方，人就把光明的消失看成一种真实的消失，就把黑暗看成光明的来源本身的没落、太阳的没落正是由于这个缘故，在这个地方，人就只能假设一个特殊的、与光明敌对的实体，来说明黑暗的降临，在日蚀的时候，他也把这个实体看作一条与光明的实体斗争的龙和蛇的形相。把黑暗当作一个特殊的、与光明敌对的实体，根源只是在于一种理智上的黑暗：这种黑暗只是存在于想象中。在自然中并没有任何与光明相对立的实在的东西。物质并不是什么自在自为的黑暗物，而是透明的东西，或者是仅仅并非自为的光明物。光明用经院哲学名词来说，只不过是存在于物质本身之中的某种可能性、某种 Potentia 的现实性、

Aktus。因此一切黑暗都只是相对的。连厚度也不是与光对立的。且不管透明的金刚石和水晶的厚度——有一些物体,例如油里浸过的纸,本身变厚了,却变得透明起来。甚至那些最厚的、最黝暗的物体,把它切成了薄片,也会透明起来(参阅朗贝尔特的《光度学》,第617节)。当然绝对透明的物体是没有的,不过这是由于——且不管那些较近的经验原因——物体的独立性,其自然的情形,就像同一思想为一些不同的思维者所接受就会发生种种变化一样。这种变化的根据乃是他们的独立性、他们的自动性;不过这种自动性并不因此就表示与那个传达者、那个表达自己思想的人相对立。"无"的情形,正和拜火教的黑夜一样。"无"只是人类表象能力的一个界限;它的来源并不是思维,而是不思维。"无"就是"无"——因此对于思维来说也是"无";关于这一点再用不着多说了;"无"是否定自己的。只有幻想才把"无"当成一个名词;但也只有这样,它才能把"无"本身转化为一个鬼影般的、无实质的实质。黑格尔因此没有研究"无"的来源;他把"无"当作真的接受了。存在与"无"本身的对立,因此也(根据刚才发挥的"无"的意义)——顺便说一句——根本不是一种普遍的、形而上学的对立①;它进入一个一定的领域,进入个别存在对一般存在的关系、

①　在希腊哲学中,存在与非存在的对立,显然只是一种抽象的表达方式,表示肯定与否定的对立、实在与非实在的对立,其意义就是真与非真的对立。很明显,至少在柏拉图的《智者篇》里,这种对立除了真与非真这个意义以外,并没有别的意义。因此在存在与非存在之间便有了一个中间概念,一切都围绕着这概念,这就是差别的概念;因为没有差别的地方,就没有真理;一切都是没有差别地真实的地方,例如在智者们那里,就没有东西是真的。——著者

个体对类的关系，而且只是从事表象和反省的个体对类的关系。类是对个别个体的一视同仁。从事反省的个体本身具有类的意识；因此它可以越出自己的实际存在，把自己的实际存在当作无差别的，推断自己在表象中的不存在、与自己的实际存在对立的不存在——在这种对立里，而且只有在表象中的对立里，不存在是有意义的。我是什么意思？——人可以这样对自己说——生是什么意思？死是什么意思？至于我究竟存在不存在——这是没有人过问的。如果我一旦死去，我就是没有痛苦、没有意识的了。在这里，不存在是被表象为纯粹麻木无知的状态，是独立化了。因此存在与"无"的统一，只有作为类或类的意识对个别存在的一视同仁，才有它的积极意义。存在与"无"的对立本身则只存在于表象中；因为存在虽然存在于实际中，甚至可以说本身就是实在的东西；可是"无"、不存在却只存在于表象和反省之中。

但是，黑格尔哲学的其他的对象，情形也和《逻辑学》中的"无"一样。黑格尔曾经——这并不是偶然的，而是康德和费希特以来德国思辨哲学的精神的结果——把第二性的原因（但是这些原因常常是第一性的原因，只有对这些原因不仅作经验的理解，而且作形而上学的、亦即哲学的理解时，才能真正地理解它们），把自然的根据和原因，把发生学的批判哲学的基础放到一边。我们跟着绝对哲学，从一种超批判的主观主义的极端，投到了一种无批判的客观主义的极端。早期的那些自然的和心理的说明方式诚然是肤浅的；不过这只是因为在心理学中不认识逻辑学，在物理学中不认识形而上学，在自然中不认识理性的缘故。相反地，如果自然得到了真正的理解——被理解成客观的理性，那它就既是哲学的规范，也是艺术的规范了。艺术上最高的东西是人的形象——(不仅是狭义的形象,而且是诗的意义下的形象)——哲学上最高的东西是人的本质。人的形象不再是一个局限的、有限的形象——否则诗的精神就可以轻而易举地排除这些限制,从其中变出一种更高的形象来了——,它是多种多样的动物的类,但是这个类在人中间不再是作为"属"、而是作为"类"而存在的。人不再是一个特殊的、主观的实体,而是一个普遍的实体,因为人以宇宙为他的求知欲的对象;不过只有世界主义的人才能以宇宙为他的对象。星辰诚然不是一个直接的感性直观的对象;但是我们知道主要的一点——这就是它们和我们都遵守同样的规律。因此一切要想超出自然和人类的思辨都是浮夸——其浮夸就像那种要想给我们提供某种高于人的形象的东西、却只能作出奇形怪状的艺术一样。因此,一向反对黑格尔的那种颇为得势的思辨——实证主义者的思辨——,也是浮夸;因为他们并没有超出黑格尔之上,而是深深地落在黑格尔之下,这是由于他们对于黑格尔以及他以前的康德和费希特——当然是以他们各自的方式——所提出的最有意义的指示恰好没有了解。哲学是关于真实的、整个的现实界的科学;而现实的总和就是自然(普遍意义的自然)。最深奥的秘密就在最简单的自然物里面,这些自然物,渴望彼岸的幻想的思辨者是踏在脚底下的。只有回到自然,才是幸福的源泉。把自然了解成与道德上的自由相矛盾,是错误的。自然不仅建立了平凡的肠胃工场,也建立了头脑的庙堂;它不仅给予我们一条舌头,上面长着一些乳头,与小肠的绒毛相应,而且给予我们两只耳朵,专门欣赏声音的和谐,给予我们两只眼睛,专门欣赏那无私的发光的天体。自然只抗拒幻想的自由,它与合理的自由并不矛盾。我们过多地饮下的每一杯酒,都十分激动地、甚至惊心动魄地证明纵情使血液奔腾,证明希腊人的修养完全是自然意义的。大家都知道,连斯多葛派的原则——我说斯多葛派,道貌岸然的斯多葛派,基督教道德家们的这批稻草人——也是:顺应着自然生活。

谢 林 先 生

李时　译

……您①用尽一切办法鼓舞我这样一个如此困难地由内部走向外部的作家。尽管如此，虽然我自己也觉得非常难过，但我至少在最近仍不能迎合您的希望。从本年四月家兄②突然故世以来，我在外交司内供职。现在，当我重新回到内务官署来时，我感到一种难以排除的向往专心致意于严肃的内在活动的要求，这样一来，在心理上我很难把我的贪求一切有意义的事物的智力贯注在像谢林这样空虚、微末且倏忽的现象上去。在外部的必然性不与内部的必然性吻合的地方，我无能为力，不能有任何作为。在我面前没有对象的地方，我不能够制造对立。

而评定谢林一事也没有任何必要性。谢林所获得的光荣应归功于他的青年时代。别人在成年时代经过努力在斗争中获得的东西，谢林在青年时代就获得了，正因为如此，他耗竭了他成年的力量。假如别的人们在自己生命活动的终焉有权说，我们在青年时

---

① ……您：指收信人马克思。——俄文编者注
② 指路德维希·费尔巴哈的哥哥爱德华·奥古斯特(1803—1843)，法律学家，爱尔兰根大学教授。——俄文编者注

代所希求的东西,到老年才得丰收①,那么谢林先生可以反过来说:我希望在老年获得的东西,在青年时代已全部享有了——荣誉,以及比荣誉还重要的声望,别人对自己和自己的才能的信任。

不仅别人责难过谢林,他自己也责难过自己,他自己使自己蒙受侮辱。简直不可思议,他怎么获得了这类的光荣,标新立异的和创造性的思想家的光荣,——但他原不过重复了别人的思想而已。他本身的意义归功于别人的地方多于归功于自己的地方,而在现在,他的存在只倚恃着别人。他目前的命运正在审判他的过去。假如我们能明白,为什么他现在还能够获得尊敬,那么我们就能找出为什么他在自己的时代能使人敬仰,而且能够赋予他以前的成就以那样的远远超出真实限度的意义的理由了。因为就是在当时,他也只把思想的唯心主义变为幻想的唯心主义,他给予事物,同样给予自我以微少的真实性,只是人们有一种另外的看法,因为他用一个不固定的绝对代替了固定的自我,而赋予了唯心主义以泛神论的色彩。

但究竟是什么使他现在仍然具有那么一副踌躇满志的样子呢?他自己吗?呜呼!翻开他的讲义就够了,邓·司各脱的经院哲学和雅各·波墨的故作渊玄的神智学——不是神智学,而是故作渊玄的神智学——的死尸的气味,能使你昏厥。这是经院哲学中最龌龊最邋遢的娘们儿,有一股彼得·伦巴尔都斯的臭味,一股神智主义的臭味。这就是谢林的力量和他的意义。除他以外,这

---

① 我们在青年时代所希求的东西,到老年才得丰收。歌德作为他的作品《我的生活片断:诗和真实》第二部题词的名言。——俄文编者注

里,那些需要用哲学家的名义,来实现他们的政治和宗教的利益——说得更正确点是阴谋——的人物,起着巨大作用。假如不是这样,谢林为了自身利益,会默默无闻,一如他在慕尼黑时一样,最多不过跟几个副教授的恭顺的头脑滔滔不绝地说些废话而已。到什么山上唱什么歌。

不过,就是谢林引起了精神的堕落,这个堕落在目前形成了他的光荣。至于他的 *Philosophia Secunda*(《第二哲学》①),只一当众公布便被推翻;它只能在它不存在的时候存在。这个启示自己推翻自己;这个启示连说出两个字而不彼此相克都不可能。连反驳都将是非常愚蠢的;因为从一开始就预先否认思维的必然性和规律性,否认一切真理的标准,否认一切理性和荒谬之间的差别。原则,最高的、最伟大的本质是什么也不能遏止的、无根据的、属人的或毋宁说是非人的愚蠢之客观化的本质。请您试一试告诉这位先生:您所说的都是无意义的,荒谬绝伦的,——他会回答您:无意义便是最伟大的意义,愚蠢即是英明,无知便是最高的智慧,是一种超智慧的东西,谎言即是真理……

您要我评论谢林的建议,实在使我不安,使我必须考虑人性的堕落和我们所生存的时代的堕落,以至不得不通读了他的讲义,并就所得到的印象作出结论。结果就是上面所说的。在这里必须每个人自己来检查。而且,虽然用我的简洁的方式——处处仅止于基本原理和由这些基本原理产生出来的结论——我已充分地描出

---

① 第二哲学所指的是费尔巴哈在这封信中所批判的谢林的"实证哲学"。1841年谢林在他的柏林讲义中贯彻了这种哲学。——俄文编者注

了所谓"实证的",或者更确切点说,假想的哲学的本质。我只能把我已经简单地说过的东西扩充一下,通俗化一下,证实一下。我不能够提供任何本质上新的东西。但是再重复那曾经说过的东西有什么意思呢?

加之,我的幽静的居处适于做些严肃的工作。假如,像我所希望的,搬到城里去,在那里,生活中的空虚至少会像某种感性上的现实的东西,摆在我的眼前,我便仿佛能够好好地 ad coram(面对面地)和哲学上的空虚也算算账。

Ad coram? 多么不敬! 一点也不错,但我对谢林先生感不到些微的敬意。

路·费

为了赋予那陈旧的、早已众所周知、且已被推翻了的东西以新颖的外貌,谢林毁坏了旧的,用经院哲学的最任意的杜撰恶化了波墨的学说。同时,这是毁坏了的黑格尔主义;但是,在黑格尔主义那里还可以懂得的东西,在他这里已经不知所云了;在那里还有意思的东西,在这变成可怕的胡说八道了。

剩下来的只是了解这些陈旧的本体神学概念的一切不可侵犯性和通晓这些概念对人而言的起源,但用自然的作品来填充这些思想是毫无意义的。先于本来意义的上帝的一切,只不过是神秘化了的、归结为经院哲学公式的自然的概念,同时自然仿佛是本体神学化了,因为自然是神或基原、有形体的存在、肉体。然后出现盲目的自然力的范畴即必然的同时又是某种偶然的事物的范畴。

同时他总是使逻辑上彼此不可分地联在一起的概念实体化。譬如他把存在和存在着的东西分开,把必然存在着的东西分为必然性和存在,用精神解释精神,用专横解释自由。同时他玩弄文字,把文字用为各种意义:a se esse(自在存在),盲目存在不是盲目地存在着的、任意的、预知的、被期待的东西。最抽象的形而上学的规定和最平凡的东西结合在一起,譬如上帝就是存在的统治者,简直可笑。这是最荒诞的专断!

用几个偶然连到一起的句子构成的最高的实在只能解释为delirium tremenes(谵妄状态)。第 473 页写道:"我们便这样达到了最高实在,没有它一切都不可思维"。而事实上——被思维着的不可思维的东西,必须成为理性之物的非理性的东西,"超越本质的本质",高于一切理性之上的理性,——我们达到的是荒谬的绝顶。

上帝就是存在的统治者——这多么可笑,好像个别的东西可以是普遍的东西的统治者,因为没有存在便不能思维统治者;事实上,——做统治者的第一个基本条件是他得存在。存在先于统治,是统治的基础。那么,统治怎样重新君临存在,仿佛可以跟存在划清界限。这是那儿来的信口胡诌? 只要用自然来代替"存在",便一切都了然了。就是说,自然先于作为精神的上帝,而然后精神才占据作为自然的统治者和主人的地位。肚子的活动同样先于脑袋的活动,生活中最重要的是饮食;但以后这些作用被贬低了,脑袋的活动占据了最高的统治地位,或者至少被赋予了最高监督的责任。最初是目的的东西逐渐成为手段。上帝和世界,精神和自然——这是对立性,统治的概念与之一致的特殊性。但存在无条件是普遍的。我能够使存在隶属于统治者吗? 这等于我说肺主宰空气,但肺之作为肺,仍然得以空气为前提条件;肺只与空气有关,肺的存在只依赖空气，一如统治与存在有关，而且统治之为统治，只是因为它在一切其他的东西之前，先俯就存在，而且为自己存在和生存必须顺应存在。

对谢林说来，精神是荒谬的潜能；自由是无法无天的潜能；辩证法是肯定或否定一切的特权——这真实或不真实，有意义或无意义，与理性一致或不与任何东西一致，都无所谓。以前他放置到客体里的绝对的同一和无差别，现在对他说来，是变为主体的方法。旧的神学认为万能的专横是上帝之外的客体——上帝可以随心所欲；但对谢林说来这是主体，因为谢林甚至可以变成上帝本人，可以变成南瓜和面团，一言以蔽之，他想变成什么就可以变成什么。他是个人专横的杂种。本质、主体、基础是幻想的专横的无根据性、非本质性、不稳定性。谢林创造自己的上帝，他没有上帝，他是那自命为充满了敬神之念的时代的无神论。其根源在于，一切都是乌有和虚空。没有上帝，没有魔鬼，没有真理，没有虚伪，没有理性，没有无理性，没有任何严肃的东西，也没有诙谐，没有德行，没有淫荡，没有谐和，没有矛盾。

他现在承认了、证实了、实际上用事实证明了他的反对者所责难他的一切；他用他的反对者的武器来反对自己；他自己在他的原理中得出了他的反对者的结论，而且他想利用那正是他用以反驳自己的东西来确定自己。他像拜物教徒对待他们的小偶像那样对待自己的上帝，拜物教徒打他们的小偶像，把他们抛来抛去，——谢林则对他的上帝做出种种最奇怪的事，他使他的上帝甚至翻筋斗。譬如创造世界就是这种筋斗，在创造的时候，下面的东西变成了上面的——两脚朝天，上面的翻到下面去——大头朝下。

谢林先生允诺下创造一种扩大现在人类认识范围的科学。他履行了这个允诺。于是甚至想不到的事情都发生了：原来谁的内部的真实性丧失的越多，由于他的外部的力量，他变得越加重要，原来荣誉、尊敬同功绩成反比！

专横冒充自由，荒谬冒充智慧，诈伪之尤冒充绝顶真理，陈旧的神秘主义的秋花冒充未来和新生活的春花。

勇敢而大胆地使别人相信你是天才，对他们大声疾呼：你将是天才——至少在你和他们的眼里。谁认为意见即是事实，谁就以此得到满足。

路德在描述罗马教皇释经的专断时，也正就描述了谢林的方法："保罗用希腊文把用来歪曲圣经的这样奇异的诡妄和遁词叫作 χυβεἱα, πανουργἱα（《以弗所书》，Ⅳ，14），即欺骗、诡计、法术，因为他们像掷骰子的骗子，或者用错觉给东西以另外一种面貌的魔术家一样，任意变换上帝的语言，剥夺圣经的直接的稳固的意义，眩惑我们的眼睛，因之我们彷徨，如在黑暗之中，得不到任何固定的意义，这些诡计和遁词把我们引入迷途，它们如同魔术家掷骰子一样，玩弄着我们。"（《路德》，第 17 卷，第 346 页）

反对身体和灵魂、肉体和
精神的二元论[①]

李时 译

"心理的东西和物理的东西,对我们的认识说来是有本质的区别的,因为身体之学即生理学和精神之学即心理学是从迥然不同的源泉汲取自己的观察和经验的。后者处理仅充满时间的内官的对象,观察着那些因为连空间和空间充实的迹象都没有,所以我们永远不能当作物体的属性来认识的表象、感情、意向。反之,人体生理学从外官的教示出发,只观察由运动物质形成的有机形成物;只观察在空间形成了的和具有运动机能的东西的性质。譬如只要我们的研究,譬如对于感官感觉的研究所涉及的依旧是关于光线的曲折、网膜的映像、空气的振动、神经节等等的问题,那么,我们仍旧处在物理学和生理学的领域之内;心理学所处理的只是存在于内部的东西;但在那里,既没有神经,也没有神经的兴奋,只有直观、表象等——即只在时间中起作用

[①] 这篇论文是对《哲学原理》的诠释,无论在量方面,还是在质方面都不求完善。这些诠释写得过于迟了,是当我最初的感悟的火焰已经熄尽,当我的思想已经转向那些和人有更密切关系的其他对象的时候写的。——著者

的各种力的显现"①。当然，在心理学里没有神经、脑叶和脑的胼
胝体、胆汁、胃、心，——简单说来，没有任何充实空间的东西。但
一切空间充实，一切生理学物质的这一阙如，——即这个空虚，有
着主观的根据。在渴望食物和进用食物的时候，我对胃一无所知；
当感觉——作为心理学的对象的感觉——的时候，就其本身而言，
我对神经一无所知；在思维的时候，就其本身而言，我对脑一无所
知。但假如由于主观上感觉不到脑和神经存在，从而推断到一种
在客观上本来也没有脑和神经，甚至根本不具形体的存在物，那就
等于说，由于我从自身不能感知我有父母这一事实——因为每个
人都只能从别人得知自己的诞生——就断定我出自自身，我的存
在并不归功于任何其他实体。诚然，在心理学上，我们每个人都是
卡斯帕尔·豪塞尔之流；关于我们的感情、表象和意向的家谱，我
们一无所知，而且也不想知道，一如那位立誓决不追溯自己家系，
以免最后碰上一位裁缝或者牧猪人作为皇室远祖的奥国皇帝。我
们之所以认为我们出身高贵，是因为我们没有意识到我们也是出
自平民的血统；我们之所以认为我们是永恒的，是因为我们的时间
意识是有限的。在心理学上主客同一，在生理学上则互异；我对我
自身是心理学的对象，而对他人则是生理学的对象；在饥饿的时
候，我的胃给我的感觉，或者在思索的时候，我的脑给我的感觉，只
是我自身的对象；但是我的脑和胃永不能成为我自己观察的生理
学和解剖学的对象，而只能对他人如此。因而，心理学上认识的源

---

　　① 这一段和以下括号里援引的许多其他择录，是从厄士和葛鲁贝尔的百科全书
里"二元论"条，以及其他一些知名的心理学家的论著里借来的。——著者

泉诚然与生理学上的不同,但其差异不关涉于对象本身,而关涉于认识的方式和方法:在心理学的范围内,认识是一种直接的、与对象同一的、活的东西,在生理学的范围内,则是一种间接的、僵死的历史的东西。青蛙只对他自己是生存着的、感觉着的、表象着的本质,即主体;但是,即使作为活体解剖的对象,青蛙对我也只不过是物质本质,只不过是客体而已,因为蛙的感觉本身对我全然不能成为对象。生命、感觉、表象,就其本身说来,只能直接感知,是不能与生存着的、感觉着的、表象着的本质、主体或器官分开、游离的。

————

"我把自身看作是进行区别的某种东西,而把自己的身体及其各部分,看作是某种既有别于其他物体,且有别于其自身其余部分的东西;正因为如此,它也同样有别于进行着这个区别的我。"

诚然,至少在理论上,我把自己的身体,作为自己外官的对象,不仅和其他物体,而且和我自身区别开来;但却不能把自己和我的内部机体,特别和内部思维器官,即脑区别开来。我当然能够在想象中把自己的脑视为对象,以把自己与之区别开来,但这个区别只不过是逻辑上的,或毋宁说是空想的,而不是现实的;因为没有脑的活动,我便不能思维、不能分辨;我把自身与之区别开来的脑,只不过是被思维、被表象的脑,而不是现实的脑;我所否弃的,只是我与脑的被表象的、被意识的关联,而不是无意识的关联。按照心理学上的说法,表象、思维本身对作为表象者和思维者的我说来,全然不是脑的活动。我能够思考,而不知道我有脑;在心理学里,烤鸽子可以飞到我们嘴里来;进入我们意识和感觉的只是结论,而不是前提,不是有机体所进行的思维过程,而只是其结果;因而,我把思维和脑的活动区别开来,并认为思维是独立的则完全是自然的。但从思维对我说来不是脑的活动,而是一种与脑无关的、独立的活动这种看法之中,并不能得出结论说思维本身不是脑的活动。不!恰恰相反,对我说来,即主观上说来,是纯精神的、非物质的、非感性的活动,那么,就其本身说来,即客观上说来,是物质的、感性的活动①。

　　我们刚才作为心理学的本质来表述的主客同一,特别适用于脑的活动和思维活动。脑的活动是我们自我的基础或制约我们的自我的最高活动,因而不能作为一种与我们区别的活动而被感知。在其他有机过程中,譬如,在摄取食物过程中,随着主观的、与我同一的、属于我自身的活动而来的是有机体的客观的、与我不同的活动;我拿起食物,辨别气味,品尝滋味,咀嚼,咽下;但食物一经咽下,它便超出我的活动、我的意识和意志的范围以外,好像属于另外一个世界了。反之,在作为最高活动的脑的活动中,随意的、主观的、精神的活动和不随意的、客观的、物质的活动是同一的、无法区别的。甚至对我们的意识说来,思维是不随意的,同样也是随意的活动。但正因为在思维中,主观活动和客观活动之间的对立性消失了,所以思维对我们是绝对主观的。时时饥饱的胃、我能听到和感觉到跳动的心脏、作为外官对象的头脑,简言之,我的身体,我只能借脑的活动的帮助才能感知,而脑的活动,只能借它本身的帮助才能感知,所以脑的活动对我,至少直接

---

　　① 我的身体对我说来同样属于无重量物之类,虽然就其本身说来,即对别人说来,它是一个有重量的物体。——著者

地,已经不是某种客观的、与我不同的东西。脑的活动的这一不可感觉性和非对象性,也可以用来说明那种把"灵魂,精神"代替脑的活动,安放到心悸或呼吸活动中去的古代民族和一切愚人的心理学上的偶像崇拜。

"每一个人天生的对死的恐怖,——康德在他的《人类学》中说,——并不是对死的恐怖,而是,如蒙田所正确表述的,是对以为自己是尸骸这一思想的恐怖;死的候补者想着他在死后将有什么感觉,把那将不再是他自身的尸体,仍然想作是躺在阴惨的坟墓中和其他类似的地方的他自己,等等。"

人在面对唯物主义,或者更正确地说,在把自身看成为有机体,尤其是把思维活动认作是脑的活动的时候,他所畏缩的原因,也未尝不如此①。人从人体解剖学获得了对于人脑乃至整个人体的知识;因此,当人思维他自己的脑时,他不知不觉地把生的形态想成死的形态,把脑当作解剖学的对象,就是说当作一个像生命与尸体之不能结合那样,他不能把思维活动与之结合起来的对象来思维。人受自己的想象力的欺骗,看不见作为主体的、活着的脑与作为客体的脑,其本质迥异,看不见脑,乃至身内所有器官,只在死后,才落入名副其实的唯物主义范畴,只在死后,才成为一种外在的可以触觉、视觉、嗅觉、味觉得到的客体,但在活着的时候,它只是内官即自我感觉的对象。当然,在活着的时候,脑和一切内脏一

---

①　人对解剖学的异常的宗教式的厌恶也具有同样的性质。内脏状态有玷我们的体面,因此人厌恶向内部窥探自己;诚然,他自己的眼睛对这幅可悲的景像也无用武之地;解剖开来的身体是人的真相。——著者

样,是可以暴露出来的,但当脑的最隐秘的、最重要的部分或脑的全部暴露出来的时候,对生命的秘密的这一亵渎,便会遭到死刑的惩罚①。

————

如果心理学者说"我把自己和我的身体区别开来"时,就好比哲学家在逻辑学或在"礼俗形而上学"中说"我抽象人类本性"。你能够抽象自己的本质吗?难道你不是作为一个人来抽象吗?你没有头脑可以思维吗?难道你的头脑不是人类的头脑吗?思想是"离去了的灵魂"。好,但是离去了的灵魂,不是曾经具有肉体的人的忠实的映象吗?即使是最一般的形而上学的概念,存在与本质的概念,不也是随着人们的现实的存在和本质的变化而变化吗?那么,什么叫"我抽象人类本性"呢?不外是"我抽象人,因为他是我的意识和思维的对象",但决不能抽象处在我的意识背后的人,也就是不能抽象我的抽象与之密切结合着的我的本性。作为一个心理学家,你在思想中抽象自己的身体②,但同时,在本质上,你是和它极紧密地结合着的,也就是说你认为你自己与自己的身体有别,但在事实上,只是你这样认为,却远没能和身体有所区别。思维与存在之间的差别,在心理学上,并未消灭。甚至关于思维,你可

————————————————

①　迷信的心理学家从"破坏了的"脑看不出任何精神错乱这种异常现象中得出结论说,人没有脑也可以思维。我要向他们指出痨瘵患者(他们的肺常常被断定是处在那样一种破坏状态中,简直难于相信他们长着这样的肺怎么还能呼吸和生存),并且和这些心理学家一同得出结论说:人没有肺也可以呼吸和生存。——著者

②　但人真的不能离开自己的身体吗?难道人不能杀死它吗?能够的。但是他杀死身体,便是杀死自己,而这正好证明他不能离开自己的身体。——著者

以在思维的思维和思维本身之间加以区别。你把思维只当作异常主观的活动；你说我在思维。但当李希登堡肯定说"本来不应该说'我在思维'，而应该说'它的思维'"时，难道他不是正确的吗？因此，假如"我在思维"是把我和身体区别开来，那么，从此是否能够得出结论说，连"它在思维"，即我们思维中不随意的东西，"我在思维"的根本和基础，也有别于身体呢？为什么我们不能在任何时候都思维呢？为什么思维不能随意受我们的支配呢？当我们从事脑力劳动时，虽然在最紧张的意志努力下，当某种外在的情况——常常单是天气的变化——还没使我们的思想重新自由之前，为什么我们常常不能够动转分毫呢？这是因为思想活动也是一种有机活动。我们为什么往往怀着一种思念至数年之久，才能了解它，清楚地了解它呢？因为思想也服从于有机的发展，思想也必须成熟，如同田地里的果实或母腹里的胎儿一样。

———

"主观精神"和"客观精神"之间的差别是怎样的情形呢？是这样。写作着的席勒是主观精神，印刷出来的席勒是客观精神。在写作的时候，思想仍然和我，和我的脑结合在一起，和各种病理状态结合在一起，为汗和血浸渍着。但是，它们一旦与我分离、写成、刊印之后，在这些思想产生时所经历的情景、委屈和苦恼，则都消失无遗；一切人的激情①都被捐弃了；这些思想好像是神的，好像

———

① Anthropopathism，希腊文，意为"人的热情"；在神学上，常借以指人格化的神的感情。欧洲古代以为诗人的灵感是神所赐予的。此处喻指诗人在灵感降临时，即创作时，所感受的所谓临产的痛苦和激动的心情。同句所云"委屈和苦恼"暗指席勒（亦即费尔巴哈自己）曾遭受的环境和生活的压迫。——译者

是出自自身的本质；给予人的只是一种销魂的乐趣，一种文思泉涌、神韵纵逸①和尽善尽美。在作为创作中的作者的对象的作品和作为享受中的读者的对象的作品之间，某种类似差别的东西，在我们自身之中也占有地位。对于我们的意识，当然，思想否定自己的物质的、亦即有机的起源，脱离和血肉的关联，好像是特出的东西，Generatio spontanea（自然发生）的产物，但我们的意识即自我在我们身中，其实不是作者，而仅仅是读者，公众。

————

与许多人的断言相反，灵魂和神性同样不是"经验"和"直接的确实性"的对象；灵魂的起源毋宁只归功于推断，而这个推断的基础、它的前提主要是我们的自我感觉，我们的意识的一般同一性和"单一性"。譬如，波涅②说："在灵魂是物质的这个假设下，不论我探究过我自己多少次，都不能给我的自我的单一性找出任何基础来。我想我清楚地看见，这个自我任何时候都是唯一的，任何时候都是单一的，任何时候都是不可分割的，也就是说，既不可能是广袤实体的单纯的变形，也不可能是某种运动的直接的后果。因此，我曾必须承认一个非物质的灵魂的存在，来解释那些我觉得不承认这个存在便不能解释的现象。"但是，我们的意识或自我的这个同一性或单一性，此种被心理学家用来作他推断灵魂存在的出发点，或毋宁说被他当作实际上证明灵魂存在的东西，其本身也并非

————————————

①　Mühelosigkeit 一词此处有双重内涵：文思的自然溢出及文字的纵态俊逸。——译者

②　波涅(1720—1793)，瑞士唯心主义者、神秘主义者。——译者

是直接的事实,而是抽象和反省的产物。实际上,我们的自我,我们的意识,随其内容而有所变化。这个自我,在哀伤中与在欢喜中不同,在热情状态中与在理智状态中不同,在感觉的炽热中与在思索的冷静中不同,饥肠辘辘的时候与酒足饭饱的时候不同,在户外与在室内不同,旅行的时候与在家里不同。自我感觉经常是特定的自我的感觉,我的存在和本质的特定状态的感觉;我任何时候也没有孤立的、抽象的自我感觉,任何时候也没有作为非物质的、与身体不同的、单一的本质或自我的对我自身的感觉;我从来不曾没有头脑而思维,从来不曾没有心脏而感觉;只当反省自己的时候,我把思想从头脑中、把感觉从心脏中分离出来,在与身体不同的、思维着、感觉着、憧憬着的主体或本质中,给予它们以独立的存在。心理学家当作非物质的灵魂的存在根据的自我,因而根本不是我们的真正的客观的本质;它只不过是一个思想本质,只不过是一个复写——但心理学家把它当作了原本——,只不过是我们本质的注解——而心理学家却把它放进本文中去了①。虽然还图于当时的心理学和形而上学的抽象,但是极值得注意的、切实的思想家和观察者提腾斯已经正确地指出:"什么是感觉着、思维着、憧憬着的自我呢? 它是一个人,一个感觉着、思维着、希望着的整体,灵化了的脑……身体化了的灵魂……观察不会直接提示更多的东西。""从而,被感觉到的整个现实的客体,同时是灵魂的质和脑的质,或者是人所感觉到的人。"

---

① 没有过另外一门科学,像心理学这样长期愚弄人,用自己的捏造冒充现实的了,当然,无非是夸大的心理学的神学除外。——著者

———

"我也是那由母亲生下,在幼年时代嬉戏、青年时代努力、成年时代行动的人。我的身体,它的一切成分、液汁、纤维,每一刹那都在死灭和重生;自从我有记忆以来,它不止一次,不止十次,从肉体物质中重新组成;而我却仍旧和从前一样。"①可能你在成年时也和小孩子时一样;但我否认我的成年时代和我的幼年时代这样的同一性,而且,我相信凡是能思维的成年人一定会同意这一点。孩提时代我照孩子的方式思想、感觉,但在成年之后,也按照成人的方式思想、感觉,也就是说在儿童的身体里,我曾有儿童的智力和感觉,在成年人的身体中,我却有成年人的智力和感觉。我在精神上的变化,也不少于我肉体上的变化;随着我身体的变化,我的自我、我的意识也不同了。以前使我欢喜的东西,现在我看着可笑;从前使我迷惑的东西,现在我感到厌恶;我曾经爱过,我曾经把它和我自己视为一体,没有它就不可想象的东西,现在完全从我心里消失了。我的特质固然没有改变,但难道我的身体,它的类型、构造、形式,简言之,我的身体的个别性改变了吗?那么难道我的本质的同一性不同于我的身体的同一性,不从属于它吗?不!同一个我只在同一个身体之中。

———

"一切物质的东西都必须作为复合的东西被思维,而灵魂却作为单一的东西被表象;灵魂只是一个东西(一个单一体),而身体是多数物体,是由彼此分隔的、虽然紧相交错、但却互不侵越的部分

————————

① 虔诚的舒贝特在他的《灵魂的故事》中说的话。——著者

结合成的。因此,身体确实可以分割成许多部分,而这些部分在一定时间内甚至可以保持着生命的标志——刺激感应能,但灵魂却无论如何也不能分割。所以由于这样分割的结果,身体实际上怎样死亡、消灭是可以看见,可以观察的;但我们简直不能想象某种精神的东西、思想、理念可以由分割而破坏、死灭。”假如把有机的身体像在这里它被归结为复合的、可分割的物体的范畴那样,归结为一些抽象的唯物主义的规定,那么要解释与这样的规定和概念相矛盾的有机的身体的诸现象,当然需要想出一种具有对立性质的特别的假想的本质。但有机的身体,在作为身体的自身之中,已经具有这些性质。身体虽然由许多部分组成,但它是“统一的物体”,个体的、有机的统一。这个有机的统一乃是表象、感觉的基本原因。当然,可以分解身体,但那个时候,身体便将不再是有机的、活着的身体,将不再是以前的样子。死后身体便立刻落入合成的、可分割物的范畴中去。所以,假如把死尸作为有机身体的原本,那么,不言而喻,生命应该不是在死尸中,而是在与它不同的本质中,具有自己的基础。

——

“生命应该在不同于身体的原理中,具有自己的基础,因为身体及其全部肢体,在死后也具有和生前相同的形态。”不过肢体已经不是肢体,因为它们的相互关系已经终止了;心已经不往肺里灌输血液,肺已不往血里输送空气;不再有运动;没有身内液汁的流动,没有中枢,也没有——除非是表面上的——联系。植物标本集里的植物依然具有它在大自然的园子里所曾具有的同样的部分,同样的形态;但是多么不同啊!为了解释这个差别你乞灵于有别于植物机体的本质吗？你能够把植物的本质，从它的机体中区别、游离出来吗？当然，你能够；但，果然如此，那你便置身于树精和森林之精的幻景之中，到那个时候，你也可以心安理得地痴想植物和人一样爱恋和叹息，生和死。

———

　　身体和灵魂间的对立，甚至在逻辑上都是无力的。按照逻辑说来，这些对立属于本质的同一的类。善与恶对立，在这里类是道德的东西，是意志；吉与凶对立，在这里类是感觉；甜与酸对立，在这里类是味觉；男与女对立，在这里类是人；无限与有限对立，在这里类是量。可见，假如身体和灵魂是对立物，那么，它们作为种来说，属于同一类。譬如身体是具有空间性的，那么灵魂是具有时间性的东西，而其类是感性；假使身体是复合的，那么灵魂是简单的，而其类以如何规定这个复合性为转移，或是量（身体是分离量，灵魂是连续量）[①]，或是质（身体是多样的，灵魂是单纯的）。——"但灵魂的规定不是很明确地排斥感性和形体性的范畴吗？简单性不排斥可分割性，不可见性不排斥可见性吗？与身体的共同性不同时被扬弃吗？"但所有这些属性——非形体性、非物质性、单一性即不可分割性、非复合性——只不过是消极的，或者毋宁说是主观的，这些属性，因为它们没有表明任何实在的、积极的东西，所以是一些表现我的空想和无智的概念。假如我抽象这些言之无物的、空想的属性，把灵魂规定为积极的，譬如规定为某种感觉着的、表

————

　　[①]　不顾灵魂的简单性和不可分割性，一些心理学家至少还赋予灵魂以"观念的广延性"的属性，——当然，这个属性是令人百思不得其解的。——著者

象着的东西,那么,积极的、逻辑的、特别的对立物,将不是一般无感觉的东西,——因为水和石也是无感觉的,而有机的身体和无机物之间是有明显的区别的,——而是植物状态的东西,因而,我将得到的不是灵魂和身体的空虚的二元论,而是感觉着的东西或动物的东西和植物的东西之间的现实的、生理学的对立,但植物的和动物的东西的类是生命即有机体。

————

"一定长度琴弦的高音的表象,决不告知灵魂这条琴弦一秒钟振动五千次。味觉同样也不告诉我们食盐的结晶是四面体。把外界物体传给感官的运动传播到脑,当然,是实在的,但是,这个运动本身,这些音响的振动,光线的折射,不是那灵魂所表象的东西,灵魂的概念是某种和这个运动完全不同的东西。"完全是当然的;当你仍然停滞在音响的振动、光线的折射上的时候,你的曲儿还没唱到头,你还没达到目的。这个目的是神经,或毋宁说是作为神经系中枢的脑。运动在这里中断。视觉开始的地方是光学或光线屈折学的终结;听觉开始的地方,音响学便隐而不见;因为神经是某种与它的器官不同的东西,神经活动即感觉从而是某种与它的诸有机前提、条件、中介不同的东西。器官是巧妙构成的言语,而长篇大论的简要的意义是神经。器官是对客体的关系,神经是对自己、对主体的关系;器官调理食品,神经领略它的滋味;在器官中,我使自己服从物理学的规律,但只是为了在神经中,为了自己的目的使用它们。Natura non vincitur nisi parendo(若不顺从自然便不能征服自然);器官正是自然的这个顺从的仆人,但神经是自然的统治者和征服者。假如当你从器官转到神经时,感到智穷力竭,那么,其原因是你没有认清物理学和生理学的界限,你没有了解到认识、理论和观点应该用生命的观点补充、修正。在死后,你可认识作为物理仪器的眼睛,但是眼睛的神经活动即视觉是生命的活动,至少你不能直接使它成为生理学的对象,正如不能领略别人的味觉一样。"生理学只能认识现象,而无论如何不能认识生命的本质。"完全正确;因为生命按其本质说来,只属于自身,只是主观的,从而,使生命成为别的东西的对象是与它矛盾的。所以心理学家必须采取暴力,才能够把作为对象的生命加以自己的研究和观察;然则,用与生命绝对矛盾,甚至敌对的方法来探究生命的本质,用刑具强迫承认真理,企图用刀刃剖开生命之谜,该是何等的倒行逆施! 要了解任何一个现象,都要先和它交朋友,要逢迎它以博得信任,而为什么单单生命不在此例呢? 为什么单单它不共戴天的仇人——死应该成为它的解释者,阐明者呢! 但当你把生命置诸活体解剖的折磨下时,你不是和死神一模一样地对待生命吗?

———

生命是"绝对者的观点";科学、理论是有限者的观点。生命进行结合,科学进行分离。科学把神经从血中分离出来,但生命只存在于尚未形成这一分离的、血和神经同一的地方。所以作为活着的主体的我与作为悟性的客体的我是不同的本质,恰如我所著的书与我所读的书——即使我就是这本书的作者——其本质截然不同一样。因为在著书时,我处在主客同一之中,而在读书时,则在主客分离之中。著书是创作的喜悦,读书是批判的厌倦;著书是热情的陶醉,读书是冷静的怀疑的反省活动。生命全然不似一位心

理学家所说的"被强制的状态";生命是一种昂扬状态,是创作过程
中的作者。在昂扬状态中,人能完成那不这样简直不可能完成的
事。热情创造奇迹——即超出通常、无热情状态中器官的能力的
行为。神经只在兴奋状态中才感觉,譬如,当我们品尝食物时,舌
的神经乳头膨胀,突起,感觉着的器官因对象而兴奋、迷惑、燃烧,
血液大量充于感觉着的器官,——感觉便是这个兴奋状态的产物。
假如你不解眼睛怎样获得视觉的,那么,你便是把批判的读者的状
态和充满灵感的作者的状态,被观察的眼睛和观察的眼睛,沉静状
态中的生殖器官和呈现 turgor vitalis(生命力充溢)时兴奋状态中
的同一器官混为一谈了。

————

　　唯物主义、唯心主义、生理学、心理学都不是真理;只有人本学
是真理,只有感性、直观的观点是真理,因为只有这个观点给予我
整体性和个别性。不是灵魂在思维、感觉,因为灵魂不过是人格
化、实体化、转化为一个特殊本质的思维、感觉和意志的机能或现
象;也不是脑在思维、感觉,因为脑是一个生理学的抽象,是从一个
从整体撕裂开来的和从头盖骨、颜面,乃至整个身体分离开来的器
官,一个作为某种独立的东西被固定了的器官。但是,脑只有与人
的头和身体关联在一起的时候,才是思维器官。外在的东西是以
内在的东西为前提的,但是内在的东西只有在自己的表现中才能
实现出来。生命的本质是生命的表现。脑的生命的表现是头。人
脑和猿脑之间没有显著的差别,但是人与猿的头盖和颜面该有多
么不同!猿所缺乏的根本不是思维的内部诸条件,不是脑;它所缺
乏的只是思维的适当的外部关系。只归咎于颜面角偏斜,位置配

置不利,所以他的脑没发展为思维器官。皇宫中的人所想的,与茅屋中的人所想的不同,茅屋的低矮的天棚好像在压迫着我们的脑。我们在户外和在室内判若两人;狭窄的地方压迫着心和头,宽阔的地方舒展它们。哪里没有表现才能机会的地方,哪里便没有才能;哪里没有活动的广阔空间,哪里便没有对活动的渴望,至少没有真正对活动的渴望。空间是生命和精神的基本条件。"给我以支点,我能移动地球。"①猿因为脑的位置不对,所以不能思维;位置起决定作用;而位置是某种外在的、空间的东西。——"但有许多人,尽管外在条件极端不利,仍然完成了非凡的事业"。——我并不否认。但他们在另外一些条件下,他们会更有多大的成就呢?并且,在这里不能单纯从外表来判断,因为有看上去不利的条件,而事实上,对特定的个体是有利的,不能忽略那些自然所利用的手段。比方说,假如我们的肉体不能从牢狱的狭窄的空间中逃出去,那么我们便在精神中,在幻想中寻求广度。这样,精神便将束缚身体的桎梏解开。这样,我们从内部用对立的动作来消除外在的动作。我们采取不顾一切的手段在精神上给予自己那在现实中我们所没有的东西,我们正好以此证实相应的外在诸关系的必然性和真理。总而言之,情形依然是这样:哪里没有表现才能的广阔空间,哪里便不能有才能。脑的空间是头。就头部而论,在这里内在的体现于外在的,精神成为可以看见的东西。脸上若不显现出智慧——头里也没有,眼睛或嘴唇上若没有灵魂——身体中也没有。内部的东西一定表现到外部来。外表不像人的东西便不是人。一个存

---

① 阿基米德语。——译者

在物自身对外界的界限在哪里,它的精神和本质也就往哪里集中。在身体表面,即皮肤上散布着最纤细的感受性[①],而脑的意义(Sinn),你只能在它作为感觉着的神经,从头盖骨里出到头的外面来的地方找到[②]。正如你自己的知觉和感觉能力倾向于表面一样,你只能在事物,如在生活中一样,直接向你的感官显露的地方,获得它们的本质。因此,科学——至少分析科学——直接与生命对立;科学从外向内,而生命从内向外;科学在深奥处寻觅生命,而生命只存在于表面;科学在感官背后寻觅本质,而本质却摆在感官前面。

————

Was der Verstand der Verstaend'gen nicht sieht

Das fühlet mit Händen ein sinnlich Gemüth.

(智者的智慧所看不见的,

感性的意识可以用双手触知。)

不错,当你用自己的手,触摸着一个整体的动物的时候,比你用心理学的抽象方法,把灵魂从它身体中抽出,或用生理学的残忍方法,反乎自然地剖开它的头盖骨,使它的脑遭受你的任意的、精密的实验的时候,你更接近生命的本质,譬如,动物的生命的本质。动物的灵魂或本质,不是别的,而是动物的个别性,骨、肌肉、皮肤

———————————

①　所以,创口越深,越不痛。柏尔:《人手》,第101页。——著者

②　最高贵的感官——眼睛,"在皮肤上,对一切对象,自由地开放着,以一股大的神经差不多和脑的每个部分联系着,好像是脑的直接继续"。——著者

同头盖骨中的脑一样，属于这个个别性，就是说，使某种存在物成为特定的、个别的本质的所有一切都属于这个个别性。只有在存在物用它的形态、运动、生活方式对你的感官显现的东西之中，才有着它的灵魂和本质。人的个别性、他的精神，不仅显露在他的可以看得见的步伐之中，而且显露在他的可以听得见的跫音之中。我们在没看见人之前，只凭他的脚步声认出他。而人用发音器官自动地把自己的最隐秘的思想、感情、愿望通知给别人。那么，与这种感性地被表现出来的本质不同的灵魂、内部、本质自身到底是什么呢？如果不是一个空想的怪影或抽象的产物是什么呢？感性是 ultima ratio，summa summarum（究极的根据、终极的终极）；感觉论是关于究极事物的理论，在这里一切秘密暴露无遗。外部是满足了的内部。譬如，当地球在它的表面上，在有机的，也就是在人类的生命中，露出它的最深奥的本质之前，地球未得到过地质学的静止；而对人说来，当某种东西未从头脑和心中表露出来之前，他的头脑和心便没有平静。为什么我所不能披露的思想，我所不能表达的感情苦恼着我呢？为什么我的灵魂极欲冲到外面来呢？因为只有在那个时候，我才算达到目的，而且，一般说，只有当我达到最后的疆界和终极的极限的时候，我才有平静。在内部的面前摆着外部；内部尚不是它可能是的，它还未表露出来，还不是感性的、现实的；它一旦暴露出来，它不能也不愿成为大于它所是的；它便终结了。死本身不是别的，而是生命的最后的表露，完成了的生命。人在死的时候，"呼出自己的灵魂"，但在生的时候也一样，其差别只是死的活动是断气。古代民族把呼吸当作人的精神、灵魂。实际上，在呼吸中比之在心理学家们的灵魂中，要有无限多的生命和真理,因为心理学家们的所谓灵魂不过是一种 ens rationis①,思想物,抽象的产物而已。呼吸不仅是生命的条件,而且是积极的、本质的、充满享受的、生命的活动。空气的器官是声音和言语的器官,是你用以表达自己的感觉和思想的器官。难道表达对你的思想和感觉无所谓吗? 不,你听见的,你用声音把它作成感官对象的感觉,和聋哑的感觉迥然不同。当你开口以便向你的外部世界宣布你的存在时,在你面前却涌现着一个新的没有经验过的感觉的源泉。生就是活着,感觉着,表露着感觉。而你的感觉越强,就越需要表露;总之,你的感觉和情绪越真实、越强烈、越是本质的,它便越表示为外部的、感性的。诚然,你在感性上未曾表现出来的你,便不算是你。个别的思想、志望、心绪、激情可以隐藏、抑制,但自己的本质则不可。在你自己不知道、你自己不愿意,甚至违反你的意识和意志的情况下,你的本质也会为别人所感知的。不给人以快感的,不在步伐、姿态、举止、目光中,一言以蔽之,不在人的整个感性本质中表现出来的德行和自由,只不过是一种似是而非的、虚伪的、想象中的德行和自由。感性便是现实。当然生命的果实固然在内部发芽、成长,但只有当它们触入感官的时候才成熟。不是感官的对象的本质便有如母腹内的胎儿;只有感觉得到的、看得见的本质才是完成了的本质。感性是完全性。所以,当你越出感性、生命直观的观点时,你便把完全的本质,转变成不完全的;你在使它残废、破碎,使它分解为它的个别成分,分解为组成部分;但本质的诸成分,不管你把它们叫作什么——如果你是一个唯物主义者,

---

① 理性的存在物。——译者

你可以把它们叫作原子,如果你是一个唯心主义者,你可以把它们叫作单子,或者,如果你是一个经验心理学家,你可以把它们叫作灵魂和肉体,——还都不是本质自身。悟性,至少抽象的悟性是事物的死,感官才是事物的生;悟性,像死一样,把事物分解为它的成分;但是生物只有在它们诸构成部分仍被吸收在感官联合的时候,才不失其所以为生物的本质。

———

把人分割为身体和灵魂、感性的和非感性的本质,只不过是一种理论上的分割;在实践中,在生活中,我们否定这种分割。譬如,假使一部精神上的作品,引起我们对它的著者的敬意时,我们便想和作者本人相识;我们认为只有当我们看见了、听见了他的时候,才算认识了他本身。当我们拥抱一个心爱的人的时候,我们确信,我们拥抱着的不是它的器官或现象,而是它的本质自身,从而我们确信手具有先验的意义,手在实践的领域中,比之在我们把本质和自在之物只推到宗教信仰或形而上学的概念上去的理论和抽象的领域中,到达的更远。我们通常轻蔑地避开那没有灵魂即并未钟情而委身他人、或为金钱而出卖身体的女人,并以此在事实上宣布身体和灵魂的二元论是一种反常且可憎的现象;反之,当一个贞节的女人把自己的羞耻感甚至引申到自己的尸体上去,纵命在自杀的刹那,也加以最大关切,以使在死后她的性部不曝于罪恶的眼睛,这对我们说来是羞耻感把心理学家们的"我把自己和我的身体区别开来"这一原理,当作一个无耻的武断而摒弃的一个恰当的例子。在理论中,否定我们在生活中,在实践中肯定的东西;把我们在实践中宣布为本质的东西,在理论中又仅仅当成现象,把在生活中对我们是同一的本质,分解为两个异种的本质,这不是明显的矛盾吗?本质属于和现象截然不同的类是可能的吗?感性的现象、感性的存在适合于非感性的本质吗?身体和灵魂的差别不是别的,而是运用到心理学上去的存在和本质的形而上学的差别。身体是人的存在;夺去身体便是夺去存在;谁若已经是无感性的,谁就已经不存在。你能够把本质和存在分开吗?当然,在思想上你能够,但在现实中不能。消灭我的存在就是消灭我自身,所以这种消灭是痛苦的。痛苦、"感觉"一般不是别的,而是对抽象思想所进行的区别、分割身体和灵魂、存在和本质的一种大声疾呼的、极其明白的抗议。Vox populi-vox dei(人民的声音便是神的声音),但人身上的 populus(人民)正是感觉。

———

"善或美的感觉与甜或酸味之间该有多大的差别呀!"诚然,是有极大的差别,但我应该因为这个,把一种感情归之于感性的,而把另外一种归之于非感性的本质吗?难道美学上的兴趣同对橡实和生肉的兴趣可以调合到一起吗?难道有学识的人的胃不与未开化人的胃不同吗?难道在造型艺术繁荣的地方不也有繁荣的烹调术吗?难道光喝水的地方,人们会酣歌赞美酒神的迎神曲吗[①]?难道在对芙琳内的美都不敬仰的地方,能够把美当作神性来感觉、来尊崇和来描写吗?难道在人没有像贝理克那样威严的仪表的地方,他们能够构思塑造一尊奥林匹亚的宙斯的神像吗?希腊的精

———

[①]   如所周知,希腊诗人克利泰那斯直截了当地主张光喝水的人不可能成为一个像样的诗人。——著者

神不依附于希腊的身体吗？东方的血不依附于东方的火热的感情吗？女性的身体不属于女性的感情吗？难道比男性的感觉更柔弱更纤细的女性,不具有更柔弱、更敏感的皮肤,更纤细的骨骼,更锐敏的神经吗？难道处女的感情和愿望比之那性的区别还没成为血肉的儿童的感情、愿望不迥然不同吗？你能够把处女的灵魂即处女的感觉、愿望和思想的质、形态和方式跟处女身体的质分割开来吗？

————

　　正如培根所指出的,我们经常把特殊提高为一般,把样态提高为实体,把种提高为类。然后,当我们遇到和这个提高为类的种不一致的诸现象时,我们便用一些新的、空想的本质,即全然不同的类的本质来说明这些现象。形体性或感性的情形也是如此。我们把形体性的一定的现象或种当作了它的整体的绝对的本质①。所以,我们从与感性绝对对立的本质中,导出那只置基于感性本质或感性活动即对立的种的活动中的东西,便没有什么稀奇了。譬如,精神和肉体的对立不是别的,而是头同身体、躯干、腹部之间的对立。甚至,在日常生活中,我们不无深意地不说人、灵魂而说脑袋;不说躯干、腹部而说身体。精神的人是用头脑感觉的人,即头脑的人,感性的人是用腹部感觉的人,即依从肚子的人。头脑的人说:我吃饭是为了活着;依从肚子的人说:我活着是为了吃饭。男人说:我爱是为了活;女人说:我活着是为了爱,但爱的重点在腹部。

————

　　①　希腊哲学也是这样。最初,希腊哲学把自然界的特定现象当作了自然界的绝对本质,把有限的和感性的原质:如空气、水、火当作了万有的本原;但在后来,当希腊哲学确信这些本原并不完善的时候,它非但不修正、扩充自己的有限的感性观察和经验,反而激愤于感官的虚伪的错觉,逃到纯思想本质里去了。——著者

女性代表肉，男性代表精神，也就是说，男性是人类的头脑，女性是
人类的腹部。男性的腹部是凹陷的，女性的腹部是凸出的；女性的
腹部，在解剖学上，比男性的腹部更为发达、更为完善，对男性，腹
部具有从属的、单是目的论的意义，而对女性，同时还有独立的、美
学的意义；对男性，腹部只不过是餐馆，对女性，则已提高到爱的殿
堂的程度。触觉、嗅觉、味觉是唯物主义者，是肉；视觉和听觉是唯
心主义者，是精神。眼睛和耳朵代表头脑，其余的感官代表腹部。
味觉连自己的驻在地都直接在肚子入口的近旁。当我和我自己争
吵——因为这个果实那样好吃，而把它给自己摘下来呢，还是因为
它那样好看，仍然让它挂在枝上——的时候，在我身上便是精神和
肉体在争吵，也就是，我的不为利欲驱使的眼睛和我的关心的、贪
婪的味觉在争吵。人"一半是动物，一半是天使"；动物是从属于下
腹的感性；而天使、精神是人的守护者，只在空气和光中生活、飘荡
的本质是眼睛和耳朵①。

　　"感觉是人和牲畜所共同的"。但假如人在感觉中和牲畜没有
区别，那么人在思维中和牲畜也不能有所区别。牲畜的头脑只适
应于牲畜的身体。但人和牲畜真的只有感觉是共通的吗？记忆、
想象力、辨别力，从而悟性不也是共通的吗？什么是人和动物的区
别呢？是人具有动物所没有的东西吗？不是！差别正在于此：他
作为人而具有那些动物作为动物而具有的东西。动物的感觉是动
物的，人的感觉是人的。

——————————

　　①　感官的这一对立，只是为了给精神和肉体的二元论如何已经在感性内部找到
了自身的解决，提供一个通俗而明显的例子而已。——著者

———

　　人只因为他是感觉论的有生命的最高级，是世界上最感性的、最敏感的生物，而有别于动物。感官是人和动物共通的，但只有在人身上，感官的感觉从相对的、从属于较低的生活目的的本质成为绝对的本质、自我目的、自我享受。只有人，对星星的无目的的仰望能够给他以上天的喜悦，只有人，当看到宝石的光辉、如镜的水面、花朵和蝴蝶的色彩时，沉醉于单纯视觉的欢乐；只有人的耳朵听到鸟儿的啭声、金属的铿锵声、溪流潺潺声、风的飒飒声时，感到狂喜；只有人把"多余的"嗅觉当作神的本质来焚香献礼；只有人才能够从"曼妙地伴随着那甜蜜情话"的手的一触之中，汲取无限的享乐。因此，人之所以为人，就因为他的感性作用不像动物那样有局限[1]，而是绝对的，是由于他的感官的对象不限于这一种或那一种可感觉的东西，而是包括一切现象、整个世界、无限的空间；而且他们所以常常追求这些，又仅仅是为了这些现象本身，为了美的享受。

———

　　假如人的本质是感性，而不是虚幻的抽象、"精神"，那么和这个原理矛盾的一切哲学、一切宗教、一切制度不仅是完全错误的，而且是有害的。假如你们想要改善人们，那么，就使他们幸福吧；假如你们若想使人们幸福，那么请到一切幸福、一切欢乐的源泉——感官那里去吧。否定感官是一切堕落、仇恨、人类生活中一切病态的源泉，肯定感官是生理上、道德上和理论上健康的源泉。

---

　　[1]　动物的这个局限性和一面性，从而无精神性，正好暴露在通常动物只有一个感官或几个感官特别发达上，而人的普遍性，从而精神性，显然，表现在人"在一切自己的感觉器官的完全而均等的发展方面，超越一切其他动物"。——著者

困苦、克己、"自我否定"和抽象化使人忧郁、阴沉、龌龊、淫荡、畏缩、吝啬、嫉妒、奸诈、凶残,而感官的满足使人快活、勇敢、豪侠、坦率、直爽、富于同情心、自由、善良。所有的人在欢乐的时候,都是善良的,在痛苦的时候,都是凶残的;但痛苦的源泉正是感官的有意的或无意的被剥夺。

———

人的存在只归功于感性。理性、精神只能创造著作,但不能创造人。假如理性、精神是世界的统治者,最多,恐怕只将存在一对人,因为理性能够用一对个体来满足自己的知识欲,或者毋宁说,因为一对只是为了配对,单为了繁殖,恐怕只会存在一种 in abstracto① 的人,无性别的、概念的人,而不是复数的人。复数便是感性。亚里士多德派的人已经说过,有复数的地方便有物质即感性的抽象基础或毋宁说感性的表象。所以幸亏人除了统一的意向而外,还有繁殖的意向,除了求知的意向而外,还有性的欲望。但是,正如人之继续生存,不归功于理性,而归功于感性一样,人在世界上之最初的出现,不归功于神,即不归功于抽象的本质、悟性或精神的本质,而只归功于感性的自然界。你们从自己推断上帝,从你们的头脑推断与你们的头脑类似的、相像的本质。好,但是你们不是用头脑生孩子,那么如果你们循序思考却得出这样的结论:那种依照你们头脑类推出来的东西,一种除了你们的头脑的本质而外不表现任何其他本质的东西也一样不能生产人,不能生产有血有肉的存在物;并且一如现在你们的存在要归功于人的感性,你们最初的起源也归功于

———

① 抽象的。——译者

自然的感性。如果人的起源是感性，那么，请你们在你们关于人的学说、法律、制度中，也不要否定这个起源，请你们记住，苹果落的地方不会离苹果树太远，头脑虽然是自然和感性的最高本质，Etre suprême①，但仍然用血和神经同自己的基础紧密地联系着。

——

人不能也不应该否定感官；假如，他违反自己的本性，否定感官，那么，他必定重新肯定它们，但这一次他已只能以一种消极的、自相矛盾的、荒谬的、离奇的方式来肯定他们。在宗教中，人的五官之乐为之而牺牲的无限本质不是别的，正是一种非现世的世界本质，一种作为非感性本质、作为空想或悟性的对象的感性本质。上帝是一切宝物、一切本质即感官实在的总和。譬如，安瑟伦——基督教最大思想家之一——说："主啊，你仍然在你的光明和净福中躲避着我的灵魂，因之我的灵魂依旧彷徨在黑暗和痛苦之中，它环视自己的周遭，而看不见你的美。它仔细倾听，但听不到你的谐音。它嗅但感觉不到你的气息。它尝但觉不出你的滋味。它摸但感觉不到你的光滑。因为你是上帝！所有这一切都以你的难以解说的方式存在在你的身上，因为你把这以感性的方式给予了你所创造的东西。"在上世纪（十八世纪）一个著名的贤者兼形而上学家的自然神学中说道："上帝的本质类似一切可能的现实性的一套最完备的字母，而一切其他可能的事物的本质是由此从出的一切可能的单词。""在上帝中，有彼此以真实的方式互相区别的各种现实性的无限大。""在上帝中，有最多样、最复杂的秩序。""所以任何一

---

① 至高的存在物。——译者

个小虫,任何一棵小草,阳光中的每一颗浮尘都是真实上帝的数学的证明。"当然,因为包涵着这个感性世界中存在着的一切、以绝妙的秩序和丰富包涵着感官的一切实在和真理的这个上帝、这个本质,不是别的,正是感性的本质,世界的本质,——但是,是当作与现实的感性本质分离、有所区别的本质来思维的抽象本质。但我们不再和形而上学纠缠。净福是宗教和神学的终极目标。可是什么是净福呢?是作为幻想和心绪的对象的感性。硬说基督教所企求的好像只是精神的净福这种武断论调是近代伪善者们或不学无术之徒的无耻的谎言,基督教与富于哲学意味的异教学派只知道精神与理智的不死,也就是说只知道抽象的、无人格的不死正好相反把肉体的、也就是感性的净福和不死看成了人的终极目的和本质。譬如仍然是那个安瑟伦说道:"啊,谁享受这个幸福(就是说上帝或净福两者之间没有什么区别)!⋯⋯诚然,只要他希求什么,便会有什么;只要他不希望什么,便不会有什么。那里正是谁人的眼睛也没看见过的肉体和灵魂的幸福⋯⋯爱那蓄容一切幸福的唯一幸福吧,于是你便有满足⋯⋯我的肉体呀!你喜爱什么呢,我的灵魂呀,你希求什么呢? 在那里,在那里有你们所喜爱的、所希求的一切。你们希求美——那里像太阳般辉耀着圣者之尊容。你们希求敏捷或强壮,或所向无阻的身体的自由——在那里,它们将宛似上帝的天使"等等。但宗教和神学如此,哲学也如此。不管哲学怎样躲避感觉,不管它怎样以自己的超感觉性自负,它的超感觉性不过是抽象的感性而已。譬如黑格尔《逻辑学》第一卷的基本范畴——存在、质、量,不是感性规定是什么呢? 反思的形式,不是我们把感性事物互相放置进去的关系是什么呢? 难道在逻辑学的最高天,不恰如在神学的天国中,把基督的肉体收容在神性的怀抱中一样,把有机体、生命收容在绝对观念的怀抱之中吗?生命的秘密不是感性吗! 不用间接的、歪曲的方式,也就是不像宗教那样,用神秘的、空想的方式,或像哲学那样,用逻辑的、抽象的方式,而用直接的感性的方式来承认感性的东西,不是更合理、更健全吗? 代替神性的感性,来享受感性的神性不是更合理吗? 代替逻辑学的有机体,认识现实和感性的有机体不是更合理吗?

——

什么是"精神"呢? 它和诸感官的感觉的关系怎样呢? 和类对种一样。感觉是普遍的和无限的,但只在自己的领域内,在自己的神中;反之,精神不局限于任何固定的领域之中,它纯然是普遍的;精神是感觉的综合、统一,一切实在的总和,但感觉只是固定的、特殊的实在的总和。因此精神是超于感觉的割据性和局限性,并且把感性的地方精神熔于全体精神之中;就这点而论,精神是既非感性又超感性的;但就它依然无非是诸感官之作用的总和而论,它同时又只能是感性的本质。复数的植物,我归功于感觉,单数的植物我归功于精神;但和植物不是思辨的空想与之相关联的意义的超感性的本质——虽然它不是感官的对象——相同,精神也不是超感性的本质,虽然它不是感性的活动。精神之所以不是某种感性的东西,即不是特定的感性的东西,只是为了能包括一切感性的东西①。

————————

①　那有别于感官和诸器官的中枢器官的存在,即具有集中感官,收集、比较、区别、分类感官的机能的中枢器官——它这种机能却由于语言和逻辑上的混乱变成了一个名词,曰:精神,即在精神的名义之下,变成了一种有别于人的、独立的本质,——那么这个思维器官的存在也同样不仅是解剖生理学上确定了的事实,而且是直接感性的事实。羊头和思维着的头——该是多么显著的不同! ——著者

回忆（想象力）是从生命的王国到精神的冥府去的最可靠的向导。在回忆中，感性的本质变成了思想的本质，自身不在的东西变成了现存的东西；对象的形象给我代替或代表对象本身。我看见过的东西，我不需要再看；一次就够了。因此，回忆是节省时间和空间，也就是获得时间与空间的第一手段，是人类利用世界，占取一切的第一手段。我看见的东西，便是我的东西，我无须为它停留原地。这样，我可以用回忆的手段，从一个地方游历到另外一个地方，把我出生的一小块土地的直观扩展为宇宙直观，从有限的凡人的作用升到世界性的、同时是充满智慧的实体的尊严；因为只有当人从自己的局部的观点上升到世界的直观的时候，他才同样地上升到精神。但我的这个精神到底是什么呢？无非是世界、宇宙的代表。所以，当我周游世界归来，重新回到我同乡这里之后，我代表异邦、异族向彼等作如是说："你们直到如今认为那划定你们的地平线的群山便是世界之涯，在这迷妄之中，你们抱怨感官的局限性，而把感官掷在一旁，竟在思想中，给自己筑起一个更好的世界来；但你们咎责感官之处，只是你们自身的懒惰和目光狭小所应负疚之处；因为这个事实，位于你们的感官范围之外的东西，并非因之而位于一般感官之外；我用自己的双脚走遍了比你们用你们的幻想和思辨所走的更多的路程；我看见了你们的魔术师们、千里眼们、思辨哲学家们永世想象不到的事物。你们听听我的吧！我展示你们以你们感官的彼岸世界，在我的想象的望远镜中，我指给你们看那我到你们这里来所代表的世界。"

————

"从天文学的观点来看的太阳是某种和从感性的观点来看的

太阳截然不同的东西；一个是——至少相对地——不动的，另一个是动的，一个是球体，另一个是小圆圈，一个是莫大的体积，另一个是微末的东西，一个是理性的对象，另一个是感官的对象，一个是真实的太阳，一个是依稀仿佛的太阳。"假如以未加工的形式接受这种对立的话，那么，便会得出下列结论：感性给我的只是假相，而思维、理性则给予真实，就是说，感性本质只是虚假的本质，理性本质才是真实的本质。但即使真的太阳——对我，即主观上，是知性的对象，ens rationis，一种想象的本性，但就其本身而论，即客观上，它仍然是感性本质①。被思维的、意想中的太阳，作为理性的对象的太阳，不是独立的本质，不是自我目的；它只是在依稀仿佛的感性的太阳和真实的感性的太阳之间的中介，只是 terminus medius（中名词）而已。理性是推断，但正因为如此，无论是这个推断的前提或结论都具有感性的本质；理性的事情只是作它们之间

———————————

①　虽然太阳的体积、它和地球的距离、它的构造是某种感性的东西，但为了认识它，仍必须利用很多人工的方法——无论是肉体的也好，无论是智力的也好。难道太阳就因为它的真正的体积对我们说来只是数学的对象，便不是感性的本质吗？难道，相反的，太阳的这个感性不正是测量它、计算它和地球的空间距离的根据吗？难道，这样一来，太阳的这个感性不是一切那些使太阳成为我们所确信的认识的对象的规定的根据吗？以对象的空间距离或其他物理原因为条件的思维中介的必要性，不应该一般作为反驳感官确实性的证据，因为中介是为了把某种目前还不是感性的东西作成为感性的，亦即把它作成为直接确实性的对象。显微镜和天体望远镜是现代自然科学的光荣和财富应该归功于它们的工具。这些工具，当然，是人类智慧的发明；但人类智慧只是在感性经验和观察的基础上，只是借助感官发现它们的。这些工具的目的何在呢？看见那没有它们便看不见的东西，把感官的威力扩展到那没有这些辅助手段便不能是任何直接感性知觉的对象或者只能给予表面的、暧昧的和不确实的认识的诸对象上去（1849 年）。——著者［这条注释写于 1849 年；载于第 2 版《费尔巴哈全集》第 2 卷（1904 年）。——俄文编者注］

的中介、联系，即给本质加上联系，而不是创造本质。"我们读自然的书用感官，但了解它却不能用感官。"完全正确，但我们用悟性不能把任何新思想放进自然去；我们只能翻译、解释自然的书；我们用自己的感官在其中读来的语句，不是空洞的、任意的符号，而是一定的、适当的、有特征的表现。譬如，眼睛完全与真实相符地表象太阳；在这样一个距离中，你不能看见太阳比你的眼睛所显示给你的更大。但假如你从这里立刻断定太阳不比你所看见的大，那么得出这个虚妄结论的过失，并不在你的眼睛，而在你自己身上，因为你把这个现象隔离了起来，使它没有与教导你辨别对象的真实的或是依稀仿佛的体积的你的感官的其他极度明晰、清楚的证据联系起来。感官什么都会说，但要了解感官所说的箴言，必须把这些话联系起来。联系起来读感官的福音就是思维。

对《哲学原理》的批评意见

李时　译

　　与经院哲学不同,新哲学曾试图寻找一种直接具有确实性的根基,所以它放弃了那只能够被思维和设想的本质,而代之以思维着的本质,代之以自我意识;因为,思维者,——正如笛卡尔所说,虽然不以同样的语句——,由于更接近其自身,也就较之被思维的东西更可靠些。

　　但自我意识的自我,即现代哲学奉为原则的精神(参照《原理》§37,38),其本身也不过是某种抽象的、从人的本性借取的、只能被思想的、因而也是可疑的东西。直接具有确实性的只有感性的事物;只有在感觉开始起作用的地方,一切怀疑和争论才停止。但因为我也曾解释过(参照《原理》§43)感性事物并不是那种在思辨哲学的意义上被认为是直接的东西,就是说不是那意味着庸俗的、自明的、无意思的和不待论的东西,于是人们咎责我极度矛盾,而且这矛盾预示了一系列对我不利的后果。

　　若只注意字面,这些规定当然是自相矛盾的,一如到处都可以揭露矛盾,假若不注意某种原理所以被阐述以及其在何种关系中被阐述的原因的话。但事实上,这些规定并非自相矛盾。首先我与那自绝于感官的哲学相反,把感性的东西确定为直接具有确实性的。而凡是不自己抱定或者拥护那自绝于感官的观点的人,总会同意我这个原理。宗教史和人类的历史都证实了这个原理,都向我们指示自然的以及人的感性本质对它是最初的、直接具有确实性的东西;指出人类,至少最初,视感觉为唯一能辨别一切事物是否具有确实性的根据。指出对他们只有感性的东西是存在的;其次,历史、科学,——尤其是自然科学,也都证实这个原理,而且最终证实它的还有,每一个个别人的每天的历史——因为我们每天所经历的都告诉我们;我们对某种东西感到茫然不解和疑惑不明,只是在我们还没有把这东西作为自己观察的对象之前,——不论直接的或者间接感性的,即形象的观察。但随后我又指出另一种与此同样值得注意的情况。

单纯的自然人凭依感觉的真实性,但与儿童一样,儿童尚不能分别事物的依稀仿佛的本质和真实的本质。所以,当人一开始观察、思想,当他一开始揭露感性的假相,他把感觉的真实本质也和这个假相一起抛掉了,而走入另外一个极端,把不同于依稀仿佛本质的本质变为另一类的本质,一种完全不同的本质,而用人们自己臆造出来的本质来代替感性的真实。由此可见,感性的真实对我们的耳朵逐渐成为一种可怕的、怪诞的东西,因为我们的耳朵从儿童时代便惯于把感觉指为一种背神的东西,而把感觉以外的无形体的实体认作是高级的、真正神圣的实体。

在我的《原理》中我反对了这个倾向:我提出了感觉,作为对人和现实的标准即标志和基础。当然,不是动物的,而是人类的感觉;不是感觉本身,不是没有头脑、没有理性和思想的感觉,因为甚至纯粹的视觉都需要思想。假如我不使什么东西成为我的注意的对象,不把它和周围其他对象分开,作为单独的对象注视它,我便不能看见。但一如感性若无思想便等于零,思想,即理性,若无感性也同样地等于零,因为只有感觉给我真实的、现实的对象和实体。

思维、精神、理性,按其内容,除了说明感觉所说明的东西而外,并未说明什么其他的东西;它不过把感觉分散地、分别地告诉我的东西,又联系地对我说明,正因为如此这种联系才被叫作理性、而且就是理性。因为正如只把几个字联系在一起便成为句子,具有意思一样,感性的东西只有当我把不同的感觉所揭示给我的它的不同的特征连在一起时,对我才成为理性的对象,成为我所了解的事物。我在一个地方说:"我们用感觉读自然之书,但理解它却不能用感觉。"[①]不错,但自然的书不是由混乱堆砌的文字所组成,因而只有理性才能给这个混乱带来秩序和相互关系,而这些文字之结合为一个明白的句子,则是理性主观地、独断地造成的联系。不,我们用理性分别和联系事物,但是在感觉给我们的分别和联系的标志的基础上,我们只区分自然所区分的东西,联系自然所联系的东西,使自然的现象和事物在理由和结果、原因和作用的关系上互相隶属,因为事物在事实上、感觉上、实际上、现实上彼此正处在这样的关系中。

思维从现象中分解、寻找、抽出统一的、同一的、一般的规律;但为了找到它,思维必须首先感知感性的现象。一开始思维是极其笨拙且幼稚的,哪怕它要解释的是最寻常的现象。人在其感性

---

① 参见"唯心主义批判"一文及"反对二元论"之最后几页。——著者

知觉的原始阶段上与其已具有科学知识的阶段上的思维活动之不同,可以用例子明显地描写出来。雨是哪里来的,雨的起因是什么?——《旧约》中犹太人是这样回答这个问题的:雨是由集聚在天空之上或天空之中的水或雨而来的;犹太人就这样用雨来给自己解释雨,把他作为现象觉察到的东西又陈述为它的原因。格陵兰人也完全同样地解释雨,按照格陵兰人的意见,雨是由上方的、天上的湖产生的;当湖水满了的时候,水便降落在地上[①]。只有认识了空气中的水蒸气,才能产生雨的正确的解释;水蒸气由于空气层冷却,或者由于蒸气积聚引起水蒸气的最大限度的弹性,而从气体的形式变成滴状的液体。没有思想的感性止于个别现象;解释个别现象不用思考,不用批评,不用研究,不与其他现象比较,而直接通过自己来解释;思维的直观则把彼此好像没有任何共同之点的不同的感性事实联结成一个整体、一个相互联系,而只有当人把自己提高到能够以这种方式相互联系他感知的事物时,他才是思维的。

　　但人并不因为他把自己提高到思维的阶段,才达到另一个世界,即精神的王国,超地上的思维世界;他仍然留在原地,留在地球和感性的基地上。他只把自己挪到扩大了的、无限界的、包罗万象的感性直观的范围去。思维首先是理解许多的、各种各样东西,并把它表达为与之相应的概念形式。

　　一切概念活动都以或多或少广阔的观察活动为其基础。人类上升到精神文化的时候,当然直接的感性直观的必要性便消

　　① 巴斯多尔摩:《人在他的野蛮的未开化状态中的认识》。——著者

失了。别人的眼睛使我摆脱使用自己的眼睛的必要；别人所看见、所感受而用文字或者讲述传给我的东西，对我说来，只是精神、幻想、思想的对象。在这传说和文献使人摆脱直接观察的必要的阶段上，人也就疏离了感性，忘却认识是从感觉而来的，于是他就把间接的、传统的、传授的认识置于直接的认识之上，把思维、精神转变为一种与感觉全然不同，就是说绝对不同的、属于异类的本质。

当然，为了科学的历史的认识，为了阅读书刊，人要使用眼睛，但眼睛在这里不是以自己的存在出现，它没有任何直接关涉于视觉的对象，因为字母只是那些就其本身而言只对理性，而不是对感觉具有意义的单词的感性符号。所以，难怪人在这个阶段上就会完全忽视感觉的意义和价值，而且感觉也就从其原来的导师的地位降低为服役于最卑贱的生活需要的奴仆了；而人正因为如此，在这个阶段上却变为一种支离破碎的、残废的、游魂般的存在物，以致与其感觉同时最后就丧失他的健全的人类智力，这也同样是毫不足奇的。在这个阶段上人因沉浸于过去而全然地忘了现在，为了已经不再有的东西却忘记了现有的东西。曾经是感觉对象的过去，现在只是精神的对象，即回忆、记忆的对象。

所以，对于一个历史家来说——其实法学家、神学家、语言学家，乃至生活在传统概念中的普通的哲学家，也无不如此——并不是活的、感性的、现代的、直接的东西，而只有"历史的事物"才具有真实性和重要性。历史家只有对于一切已成为历史学术的对象的事物和人感到兴趣；他总按照过去的标本来构想现在；他老在挖掘什么，但他不是在活生生的人们中间，而是在人类的排泄物中挖掘的。凡是死的东西,对他是活着的,而正因为如此,凡是活着的东西,对他却是死的、不存在的;最遥远的在他看来是最迩近的、可感觉的东西;而现实的东西反倒是最遥远的。

正由于我们文化的特点是这个反常现象,我们已经刻不容缓地需要重新恢复正常的关系,使目的重又高于手段,使人在各方面重新归回到以前的状态,归回到自然,但不是归回到作为野蛮人的对象的自然,而是归回到作为科学教育的对象的自然。

因《唯一者及其所有物》而论
《基督教的本质》

荣震华　译

关于《基督教的本质》①

　　"唯一者"说道:"费尔巴哈使我们从神学和宗教中解放出来,然而这种解放本身却又是神学式的;他废掉了上帝、主词,却把属神的东西保存下来,小心翼翼地存留了上帝的各个宾词。"他确实是保存了它们,这是无可争辩的。然而,他又是应当保存它们的,因为不然的话他便会甚至于连自然和人也不能够保存了。这是因为,上帝是一个由一切现实性所组成的实体,也就是说,是由自然和人的一切宾词所组成的实体:上帝是光,是生命,是力量,是美,是本质,是智慧,是意识,是爱,——总之,是一切。如果废掉了上

---

　　①　关于这个标题,我必须说明一点。在这里,如同在其他地方一样,我所意谓的和我所要维护的,并非我自己的著作本身。对于我自己的著作,我是以最高度的批判态度来对待的;唯有它的讨论对象、它的本质、它的精神,才是我的唯一的论题。至于对它一个字母一个字母的研究,那么,无论是来自上帝的还是来自魔鬼的,无论弄得怎样乌烟瘴气,我都不加过问。——著者

帝的各个宾词,那么,还留下有什么呢? 可是,一般说,是不是需要有什么东西留下来呢? 的确,费尔巴哈的虔诚性、"受约束",就表现在他还趋向于某一个"对象",他还愿望着某个东西,还爱着某个东西;他还没有高升到"利己主义"之绝对唯心主义。"唯一者"高唱:"对我来说,世界一无所是。"可是,上帝的宾词不也一无所是吗? "上帝一无所是"这个命题,难道不是宗教意识的常用语之一吗①? 这意思就是说,由此可见,即使"利己主义者",也是把一切都建筑在上帝上面。这也就是说,他也属于"敬神的无神论者"中的一员。

————

费尔巴哈是在怎样的形态下保存上述这些宾词的呢? 全部事情就在这里。是不是像它们存在在上帝里面时那个形态呢? 不是! 乃是像它们存在在自然和人里面时的那个形态,乃是作为人所具有的属自然的特性。它们从上帝转移到人里面来,这样,它们便失掉了属神性之特征,也就是说,它们不再像当它们远离人时、当它们存在在抽象之中、存在在幻想之中时那样是无限量的了;这样从虔灵之神秘的黑暗转移到人类意识之光天化日下面来以后,便使它们具有了人民性,成为"通常的"、"世俗的"了。属地的统治者们的威严显赫,是怎样建立起来的呢? 完全是由于人们误以为政权的占有者是个完全特殊的实体。只要我——在思想之中,或者,最好是在富有直观性的表象之中——把统治者本

————

① 众所周知,"上帝一无所是"这个命题,不仅可以在东方宗教中遇到,而且同样也可以在基督教的神秘家和梦幻家那里遇到。——著者

人跟我自己等量齐观,只要我理解到他是像每个别人一样的人,那么,他的一切威严也就立时消失了。属天的威严,也然如此。上帝,只有在作为主词时,才是一切宗教式的宾词之容器;只有作为至高的、也即超越一切限度以上的实体的宾词,只有作为被强化到无可复加的地步的宾词,作为过分的、夸大的宾词,它们才区别于我自己的宾词,才超越于我,才超越于人。因此,谁废掉了主词,谁也就同时又废除其宾词(当然是指处于其神学意义中的宾词),因为,主词其实不外乎就是那在主词之形式中被设想的宾词。

————

"但是,费尔巴哈自己说过,他所力求消灭的,只不过是一个幻觉。"是这样。不过,随着这个幻觉的消灭,人的一切幻觉、一切偏见、一切(非自然的)限制也都将消除,虽说这不是一下子就看得出来的;因为,作为主词的上帝,乃是人的基本幻觉、基本偏见、基本限制。然而,对于那种献出自己毕生的精力与光阴来摧毁基本幻觉与基本限制的人,是不应当要求他顺便也来摧毁派生的幻觉与限制的。

————

"人是人的上帝"这句话,究竟意味着什么呢?说他是上帝,是不是就是指他是一个区别于人的、超人间的实体,换句话说,是不是就是指他是一个像宗教、神学和思辨哲学所认定的那样一位上帝呢?其实,费尔巴哈正是指出了,宗教并不理解它自己,而思辨哲学与神学又是曲解了它。他指出了,对上帝的信仰仅只是——当然是在实际上而不是在信者的想象与反思中——人对自己的信

仰。总之,他指出了,属神的东西并不是属神的,上帝并不是上帝,
而只是那自己爱自己(并且还是最高限度地自己爱自己)、自己确
立自己和自己确认自己的属人的实体;因为,人只承认那反过来也
承认人的上帝,并且,正是像人承认自己那样地来承认这位上帝。
例如,如果我不承认自己的身体,把它跟我自己分离开来,觉得身
体方面的需要和机能是一种限制,是跟我自己发生矛盾的,总之,
如果我摈弃身体,那么,我就企望没有身体,并且,把无有身体的实
体赞扬为真正的、福乐的、威严的、至高的也即属神的实体。凡是
我现在还没有成为的、但我一直渴望成为、努力要想成为的那个东
西,便是我的上帝。因此,费尔巴哈说,上帝不外就是那成全人的
愿望、满足人的需求(不管它们是怎样的)的实体。譬如说,当你医
治一个病人或者只是一个"被固执念头所困的人"时,当你给饥饿
者以食物时,在他心目中的你,如果是散文式地表达出来,便是一
个恩人或一个行善事的人,而如果诗歌式地表达出来,那便是上帝
了;因为,凡是人觉得乐意的和有利的东西,他便以颂赞的方式称
其为上帝。(见《基督教的本质》)宗教就是激情、诗;voilá tout(如
此而已)。因此,"人就是人的上帝、至高实体"这个命题,等同于这
样一个命题:"并没有神学所认为的那种上帝、至高实体。"可是,这
后一个命题是无神论式地表达出事情的本质的,也就是说,是否定
地表达出来的,而前一个命题却是实践地和宗教地表达出事情的
本质,也就是说,是肯定地表达出来的。

————

　　费尔巴哈的"神学观点"便在于他"使我们分裂成为一个本质
的'我'和一个非本质的'我'",而且,他"把类,把泛称的'人'、也即

抽象、理念，描述成为我们的真正实体，以区别于那个现实的、个体的'我'，把后者描述成为某种非本质的东西。""唯一者"呵！你有没有从头至尾读过《基督教的本质》呢？看来是没有读过。因为，究竟什么东西组成这本书的基本论题和核心呢？正在于消除本质的"我"与非本质的"我"之间的分裂，正在于把整个的人，从头到脚，加以神化也即加以肯定和承认。在这本书的末尾不是说过，个体的属神性乃是宗教之被暴露了的秘密吗？不是甚至还说过，"吃和喝是属神的行为"吗？但是，难道说连理念、抽象也会吃和喝吗？《基督教的本质》也正是唯一不再把当代的口头语——人格性、个体性——作无意义的夸夸其谈的书；因为，唯有否定上帝（也即那个抽象的、无限的实体，但却被设想成为真正的实体），才能够肯定个体，并且，唯有在感性之中，才能够真正地掌握个体性之意义。而且，就本质而言，费尔巴哈的这一本著作跟他先前的一切著作的区别之处也正在于在这本著作里面他第一次研究了感性的东西之真理性，在这本著作中他第一次把绝对实体理解为感性实体，又把感性实体理解为绝对实体。为了确信这一点，只要比较一下在关于培尔的著作①中和在《基督教的本质》一书中关于奇迹所说的话就可以了。当然，不言而喻，无论在前一本书中还是在后一本书中，都证明了奇迹——就这个词在神学中的含义而言——的荒谬性，可是，在关于培尔的那本书中，奇迹是被表述成为与属神的实体相矛盾的东西，而在《基督教的本质》中，它便被描述成

---

① 指费尔巴哈所著的《比埃尔·培尔——根据使哲学史和人类史最感兴趣的观点来论述和评价》，安斯巴哈，1838 年版。——译者

为完全与属神的实体相一致的东西,因为在前一本书中上帝还是被理解为抽象的、与人有所区别的被思想的本质,而在后一本书中上帝便被理解为那在自己的完整性中得到自我满足的属人的实体,从而,奇迹的真正意义便正在于它不外就是某种属人的感性愿望或需求之满足——当然只是超自然主义的、因而不合情理的满足。

———

费尔巴哈在自己的著作中给自己规定的任务,便在于给上帝或宗教找到其属人的本源,并且以此而在理论上和实践上在人里面废掉上帝或宗教。可是,宗教把人的固有的实体或者从人里面被抽离出来的实体描述成为外于人间和超于人间的实体。因此,费尔巴哈应当把上帝和人的这种分裂归结为存在于人本身里面的差别(在人里面,如果在他的"我"或自我意识跟他的实体或本性之间并不存在有差别,那么,怎样能够来解释宗教呢?);因此,他应当以这样一些心理状态作为其叙述的出发点,而正是这些心理状态驱使人把自己的实体和自己的特性跟自己区别开来,使其超越于自己;这些心理状态就是:狂喜、狂热、玄思、精神错乱。请聪明的批评家不要忘记,《基督教的本质》一书的"导论"——在那里,特别强调"人里面的超乎人的力量"——并不是为一篇论及属人的宾词对属人的主词或属人的实体对属人的"我"的关系的哲学专论而作的"导论",而只是《基督教的本质》一书的"导论",也就是说,是为一本关于宗教的本质的著作而作的"导论"。可是,难道可以因为"魔笛"的序曲只是"魔笛"的序曲而不是"唐·璜"的序曲就责难于它吗?

——

在费尔巴哈看来,个体是绝对的、也即真正的、实在的实体。可是,为什么他没有说:"就是这个特殊的个体"呢?是因为那样一来他也许就不知道他想要些什么了,那样一来他也许就下落到被他所否定的观点,下落到宗教的观点上去了。其实,至少就这一点而言,宗教之本质正在于它从整个阶级或类之中只特选出一个唯一的个体,使这唯一的个体跟所有其余的个体相对立,成为神圣不可侵犯。就是这个人,这个"唯一者"、"无可比较者",这个耶稣基督,唯有他,才是上帝;就是这株橡树,这块地方,这片树林,这头公牛,这个日子,才是神圣的,其余的就不是神圣的了。因此,废掉某一种宗教,就只是意味着证明它里面的受人膜拜的事物或个体乃是跟同类的别的普通的个体一般无二的。圣波尼法爵(Saint Bonifatius)在他砍倒伽斯马尔地方的神圣的橡树时就已经对我们的祖先证明了这一点。基督教也然如此。我们知道,基督教的本质可以以如下的命题统括之:"我"——就是这个排他的、无可比较的个体——,虽然现在还不是,但按着自己的属天的本分而言确实就是上帝(不管是怎样来理解上帝的:抽象地把它理解为完善的道德实体抑或神秘地把它理解为幻想之中的感性实体)。这样,你要废掉这基督教,你就必得要把这个无可比较的个体从他的超自然的利己主义之魔雾中搬移到平凡的感性经验中来;这平凡的感性经验虽说也发现他跟别的个体有着个体型的差别,可是,同时却又完全不容争论地证明了他跟他们的同一,证明了他的平凡。必须注意,我们既不应当给予个别的个体以少于他所应得的,却也不应当给予他以多于他所应得的。只有这样,你才会从基督教的枷锁中解放出来。当然，是个体，就意味着是"利己主义者"，但这同时却又意味着是共产主义者，不管愿意还是不愿意。无论对事物还是对你自己，你都应当是怎样就怎样，要实事求是；因为，你怎样来对待事物，你也就怎样来对待你自己，反之也然。你应当把天上的"唯一者"从脑子里驱逐出去，可是，与此同时，也要把地上的"唯一者"一起驱逐出去！

————

应当遵循感官！感性的东西开始之处，就是宗教与哲学结束之处，并且由此而使我们得以获得简单而明白的真理。你看到在你面前有一位绝色的妇人；你不禁惊叹道：她的美貌无可比较！可是，请看！在那边又站着一个英俊的男子。你不是会不由自主地去将他们加以比较吗？而如果你不这样做，坚决认为你的美女是无可比较的，那么，他们自己难道就不会彼此跟自己相比较，难道就不会惊异于对方跟自己的相似（虽然有许多区别），并且惊异于对方跟自己的区别（虽然有许多相似）吗？他们不是会要不由地互相赞叹道："你与我一般无二！"吗？并且，最后，他们不是会以自己的人性的名义，丢掉各自的绝世无双而紧紧地拥抱起来吗？"唯一者"说："我只爱这唯一的女人"；我也这样说，虽然我是一个完全平平常常的社会的人。可是，你所爱的这个唯一的女人，难道是一头牝驴、一只猴子，或一只母狗吗？难道她不是属人的实体吗？"唯一者"说："'我'比'人'更伟大。"可是，是不是超过"男人"呢？难道说你的本质，或者不如说你的"我"（因为，"利己主义者"拒绝"本质"这两个字，虽说意思是一样的），不是男性的吗？难道你可以把男性跟你里面那个被叫作精神的东西分离开来吗？难道你的脑——这个最神圣的、最高的身体器官——不具有男性的一些特性吗？难道你的感官、你的思想不是男性的吗？而从另一方面说，难道你是雄性的动物——公狗、猴子、牡马——吗？那么，你的这个"唯一的、不可比较的东西"，换句话说，你的这个无性别的"我"，除了就是陈腐的基督教超自然主义之没有被消化掉的残渣以外，还能是什么东西呢？

——

应当遵循感官！你这个彻头彻尾的男人。你在思想中从自己的男性的感性实体中抽离出来的那个"我"，其实乃是抽象之产物，像那跟实在的桌子区别开来的柏拉图式的桌子的理念一样既是现实的，又是非现实的。可是，作为一个男人，你却本质地和必然地将跟另一个"我"和实体——女人发生关系。因此，如果我要确认作为个体的你，那我就不可以把自己的认识仅仅限于一个你，而是应当进一步扩大到你的妻子。要确认一个个体，就必然至少也得确认两个个体。但是，光是"两个"还不能算完，还没有意义，在二后面还有三，在妻子后面还有——孩子。会是唯一的、不可比较的孩子吗？不会！爱无可抵制地使你更要进一步。孩子的模样本身就是那么可爱，那么有魅力，使你不由自主地还想要有几个跟这孩子一样的孩子。一般说来，只有利己主义者才要一，而爱却在寻求多。当然，因为生了许多孩子，爱就从那第一个孩子那里取掉了属神的、一神教式的意义以及唯一性和不可比较性之称号，可是，倘若爱是想局限于唯一的一个孩子，那么，对于别的可能出生的孩子来说，它不是显得既吝啬又冷酷吗？而且，这样的爱即使对这个很快就会厌恶自己的唯一性、会因为没有弟弟妹妹而发愁的唯一的孩子,不也是显得太冷酷了吗？当一个著作家正是像爱确认个体时那个样子来确认个体的时候,你怎么可以责备他不承认个体呢？当他按着爱——爱虽然也表现出最高地和最深地承认个体,但却没有局限于这唯一的个体——的方式也并不局限于这唯一的和不可比较的个体,而是把自己的意念和思想伸展到类,也即伸展到别的个体时,你怎么能因此而责怪他太抽象了呢？因为,在费尔巴哈看来,类并不意味着抽象,而是意味着那个与那在自己的唯一性之中被孤立起来的"我"正相对立的"你",即一般说来一切存在于我以外的其他的个体。因此,譬如当费尔巴哈说"个体是受限制的,而类是不受限制的"时,这仅仅意味着,这特定个体的限制并不同时也是别的个体的限制,因而,迄今为止的人们的限制,不应当说一定同样也是未来人们的限制①。

————

在上述意义上的类的理念,对于个别的个体来说是有利的:每一个个体都证明是唯一的、必然的和不可缺少的。"唯一者"说得很好并且很对:"我们是十分完善的。"然而,尽管如此,我们还是感到自己是受限制的和不完善的,因为我们必然——所以说必然,乃是因为我们是会反思的实体—　不仅把自己跟别人作比较,而且

————————————

①　相对地说,也即对我这样一个特定的人来说,类当然只是抽象,只是思想,虽然它自在自为地具有感性的存在。例如,以前世世代代的人们,虽然他们在某个时候也都曾经是实在的、感性的实体,但是,对我来说却只是被思想的或被表象的实体而已。不过,关于这个问题,这里不加详述。此外,我也用类来指谓人的本性,而且,这个意义乃是与头一个意义有着最为密切的联系,因为,人的本性仅仅依靠"我"与"你"、男人与女人的对立性才得以存在。——著者

也必然把自己跟自己作比较,把我们现在已经成为的跟我们也许可以成为的来比较,也可能是跟在别的状况下我们真的会成为的来比较。但是,我们不仅在道德上,而且在感性上也意识到自己是受限制的,意识到自己是被约束在时间与空间之中的;确实,我们这些特定的个体,实是仅仅生存于被规定了的地点,仅仅生存于被限定了的时间中。我们要摆脱这种局限感,除了依靠关于不受限制的类的思想,也即依靠关于别的人、别的地方、别的更幸福的时代的思想以外,还能依靠什么呢? 所以,谁不用类来代替神性,那谁就会给个体留下一个空虚,这个空虚不可避免地仍旧会被关于上帝的观念,也即被关于类之被人格化了的本质的观念所充满。只有类才能够同时废掉和替代神性与宗教。无宗教而存在,便意味着仅仅想到自己;有宗教,便意味着想到别人。而这唯一的宗教将永存不灭,至少,当在地球上并不是只存在有一个"唯一者"时是永存不灭的;因为,哪里有二,即男人和女人,哪里就已经有了宗教。两面、差别,乃是宗教之源泉;对"我"来说,"你"就是上帝,因为没有"你""我"就不存在了,"我"依赖于"你";没有"你",也就没有"我"。

———

丈夫是妻子的天,妻子是丈夫的天,施恩者是受恩者的天,医生是病人的天,父亲是子女的天。援助者应当比需要援助者更伟大,应当比需要援助者有更多的东西(至少就他所援助的那个方面而言)。那么,有谁自己处于穷困之中而能够帮助另一个需要援助者呢? 没有的事! 能够把我从泥坑里拉出来的,就只有那自己处于泥坑上面、"比我站得高些"的实体。可是,这个比我站得高的实体又是什么呢？是另一种跟我大不相同的实体吗？他不是正好相反将如此地靠近我，就像我自己的心、我自己的眼睛、我自己的手一样吗？就最严格的意义而言，他不就是"我的另一个'我'"吗？他只不过是做了我自己也想做的事，而且，当我自由、健康、独立的时候，我确实自己也做这样的事，只是现在我不能够做而已。当我瘫痪时，别人的手和脚被我利用来作运动的器官；当我瞎了的时候，他的眼睛引领着我；当我是小孩的时候，我父亲的意志与智慧成为我的智慧与意志，成为我的自为的存在，因为，在童年时代，我成千上万次跟自己的意愿相违背地成为自己的敌人。这样看来，人就是人的上帝！并且，只有借助于这一位属人的上帝，才可以使那位外于人间和超于人间的上帝成为多余的。

————

"将类实现"这句话，是什么意思呢？这就意味着使某一种禀赋得以实现，使某一种潜能得以实现，一般地，使人本性的某种属性得以实现。毛毛虫是昆虫，但还不完全是昆虫；就对自己的关系①而言，它当然是完善的，它已经是它应当是的和能够是的了；然而，不顾它的自管自的利己主义，在它里面却还是有着某种"超越于它"的东西，某种还仅仅只是可以实现和应当实现的东西：在它里面包含蛾。只有在蛾里面，昆虫才实现到终极。在整个人类的生活以及各个个别人的生活中，也发生有类似的变形。所以，当

————————————————

　　① "对自己的关系"（Die Beziehung auf sich selbst）是黑格尔哲学的基本术语之一，中译本《小逻辑》译作"自身关联"，意即抽象的、形式的自我同一。参看《小逻辑》，第 2 篇"本质论"。——译者

人由童年转入青年,由学校转入生活,由奴隶转入自由,由未萌情芽转入恋爱生活时,在所有这些以及其他相类似的转变时,他都会情不自禁地惊叹道:只有现在我才成为一个人! 因为,只有现在,他才成为完全的人,才满足了自己本性的某个本质的、迄今为止他尚未知晓的或者势不可挡的意向。

————

正像必须要区别"我"与"你"、个体与类一样,在同一个个体内,也必须要区别必然的东西与外在的、属个体的东西(就其代表偶然的东西而言),必须要区别本质的东西与非本质的东西,就近的东西与遥远的东西,最高级的东西与最低级的东西。应当遵循感官! 那就空间而言高于人体一切其他部分的,就性质而言也是人里面最高的,是最跟人相近的,简直已经成为不可以跟他区分开来的了;这就是:他的头。当我看到人的头时,我就看到了他本身;但是,当我看到他的躯干时,我只是看到了躯干而已。即使我失去了手和脚,我仍旧还是个人;可是,如果我失去了头,那我本身也就消失了。可见,在我的一些所有物跟我的另一些所有物之间有着本质的差别,其中有一些可以自行消失而不会同时也使"我"消失,而另一些则一旦消失便会招致我本身也自行消失。只要头还没有失去,这个差别便不可能消除掉。因此,如果"唯一者"责难费尔巴哈,说他并没有在消除神学超自然主义的"从上面来"①的同时把以机体组织为根据的"在上面"和"在下面"也消除掉,那么,他之责难他就只是为了他没有像"唯一者"及其同伙那样因为终于无法援

————————————

① 意即"来自上帝"、"从天而来"等。——译者

救地失去了神学而绝望到以至于丧失了自己的头。

——

当我今天节约自己的开支和享乐，以便为明天保存一些生活必需品时，我自己不也成了天意了吗？我不是极其细心地管制着自己——管制着此刻的利己主义者，因为他由于渴望享乐而极想在一两天内就把人所有的一切都挥霍掉——吗？当我被困在病床上时，我不是把健康者看得——不论是在关于业已丧失了的健康的回忆之中还是在对痊愈的希望之中——如此地高出于自己（病人），就好像不死的神灵超出于必死的人一样吗？当我由于做了某种出于激情而造成的不良行为而感到无比忧闷时，我不是像一个批评家与法官那样地来宣判自己，来宣判这行为的实行者，来宣判"可怜的罪人"吗？而当我从事于写作某一部著作时，我不是把我所具有的一切精力都消耗在它上面吗？我不是因此而认为这部著作就是我的遗嘱，在它里面我把我所具有的一切都托付给世界吗？我不是认为我就是在那里达到了自己发展的极限，达到了自己创造力的极限了吗？可是，当著作告成时，虽然我是这部著作的作者，虽然它在不久以前还曾经是我的最高峰（nec plus ultra），然而这时我不是已经超前和高于这部著作的作者了吗？在另一种场合下，我不是甚至以蔑视的眼光来看这部著作及其作者吗？这样，甚至仅仅就同一个个体而言，人的生活也归结为不间断的交替，时而使低者高升，时而使高者下降。当我又饥又渴时，我把吃和喝看得高于一切，在饱食后便把休息看得高于一切，在休息后把运动或活动看得高于一切，在活动后把跟朋友交谈看得高于一切，最后，随着辛苦的一天的结束，我又赞称死的弟兄——睡梦——是至高的、最可嘉的东西。因而,在生活的每一瞬间人都把某种东西放在自己上面;不过,必须注意,这乃是某种属人的东西。只有不再存在了,换句话说,只有丧失了意识,他才不再把某种东西放在自己上面。我把那在我之前的东西放得高于自己,而把那在我之后的东西放得低于自己;这里,在我之前的,即是指就某一瞬间而言尚未穷尽的、尚未耗尽的思维力与生命力,而在我之后的,即是指业已耗尽的、业已完工的思维力与生命力。可是,凡是我可以是的和可以做的,作为某种尚未达到的东西,对我来说就无比地高于我已经成为的和我正在做的。这就是为什么人们总是想要成为比他现在已经成为的更伟大,想要有比他现在已经有的更多。甚至于那本来就是由我经过一定的劳动而产生出来的那些思想,也像天空的云彩一样飘浮在我上面,如果它们还没有凝结成为露滴落在我的视线中的话。

————

"费尔巴哈以爱为避难所来逃避信仰。"哦,多么荒谬! 费尔巴哈迈着坚定自信的步子从思辨的与宗教的幻想之领域走到现实性之领域,脱离了人的抽象本质而走向他的实在的、完整的本质;可是,爱自在自为地还没有穷尽了人的整个本质。为了要爱,也需要理智,需要"理性规律";无理智的爱,就其结果与功效而言,并不有别于恨,因为它并不知道什么东西有益和什么东西有害,并不知道什么东西适合于目的,什么东西不适合于目的。可是,为什么费尔巴哈要如此地着重爱呢? 乃是因为,要从属神的领域过渡到属人的领域,除了爱以外,再也没有别的实践的和有机的、受对象本身指使的桥梁了,因为爱乃是实践的无神论,爱乃意味着在内心中、在意念中、在行为中否定上帝。基督教称自己为爱之宗教，可是，事实上，它并不是爱之宗教，而是超自然主义的、属灵的利己主义之宗教，就像犹太教是世俗的、属地的利己主义之宗教一样。因此，费尔巴哈也应当揭露基督教，也就是说，变言语为实事，变幻影为现实的本质。

————

费尔巴哈所理解的爱，是不是跟现实的爱有所矛盾呢？是不是像幻想家与超自然主义者所理解的那种与任何的自爱无关的爱呢？不！例如，他说过："没有一个实体能够否定自己。""存在，就意味着爱自己。""在减轻别人的痛苦时，我也减轻了我自己的痛苦，感觉到别人的痛苦，自在自为地就已经是一种痛苦了。"如此说来，任何的爱都是自私的，因为我不能够爱那与我自己相矛盾的东西；我只能够爱那满足我自己的东西，只能够爱那使我幸福的东西；也就是说，我不能够爱任何别的东西而不同时也爱我自己。不过，话虽如此，在那被称为利己主义的、自私的爱跟那被称为无私的爱之间，还是有着真实的区别。区别在哪里呢？简单的说，就在于自私的爱的对象，对你来说，乃是卖弄风情的妓女，而无私的爱的对象，对你来说，就是个情人。在两种场合，我都满足了我自己，可是，在第一种场合我是使整个的实体服从于一部分，而在第二种场合我是使部分、手段、工具服从于整体，并且，正因为这样，在第一种场合我只是满足了自己的一部分，而在第二种场合我满足了整个的自己，满足了自己的完全的、完整无缺的本质。总而言之，在自私的爱里面，我为了最低的享乐而牺牲了最高的享乐，从而，为了更低的享乐而牺牲了更高的享乐，而在无私的爱里面，我乃是为了最高的享乐而牺牲了最低的享乐。

————

　　"问题在于,费尔巴哈把宗教变为伦理学,而又把伦理学变为宗教。"是的,他是这样做的,是跟基督教背道而驰的①,因为在基督教里,伦理学,作为人对人的关系,跟人对上帝的关系相比较乃处于从属的地位。可是,费尔巴哈使人高于道德性:"由于上帝被规定为一位恕罪的实体,因而他虽然尚未被规定为非道德的实体,但却被规定为超道德的、从而也即属人的实体。"这些话意味着从道德规律之本质向基督教之真正本质、也即向人之本质的过渡;人之本质,就自在自为而言,乃既不是非道德的,也不是道德的。所以,费尔巴哈并没有使道德性成为人的尺度,而是正好相反,使人成为道德性的尺度:凡是与人相适合、相适应的东西,便是善的,凡是与他相矛盾的东西,便是恶的、劣的。如此说来,在费尔巴哈看来,伦理关系之所以神圣,决不是"由于它们本身"(除非是为了借以与"由于上帝的旨意"的基督教相对抗),而是仅仅由于人,仅仅因为它们无非是人对人的关系,也即是属人的实体的自我肯定。这样,费尔巴哈就确确实实把伦理学变为宗教。但是,这里所说的伦理学,并不是自在自为的、抽象的(in abstracto)伦理学,并不是作为目的,而是作为结果。而且,他之所以把伦理学变为宗教,也并不是因为他像"学识渊博的新教主义"、唯理主义、康德主义那样认为道德实体(也即道德性之实体)是宗教实体,是至高实体,而是因为他认为实在的、感性的、个别的属人的实体才是这样的实体。

————

　　①　然而,同时又是以基督教为出发点的,这点已足够清楚地指出来了。——著者

————

　　"费尔巴哈以唯心主义的盔甲武装了自己的唯物主义。"哦,竟有这样的信口雌黄! 告诉你吧,"唯一者",费尔巴哈既不是唯心主义者,也不是唯物主义者! 在费尔巴哈看来,上帝、精神、灵魂、"我"是虚空的抽象,但是,在他看来,物体、物质、物性也同样是虚空的抽象。在他看来,真理、本质、实在仅仅在感性之中。难道你曾经在某个时候知觉到、看到过物体、物质吗? 你只看到和知觉到这是水,这是火,这是星辰,这是石头,这是树,这是动物,这是人——永远只是完全确定的、感性的、个别的事物与实体——,但是,你从来也没有看到过作为物体的物体、作为灵魂的灵魂、作为精神的精神、作为物性的物性。可是,费尔巴哈更不是那把两个抽象结合在第三个抽象之中的绝对同一哲学的拥护者。由此可见,既不应当称费尔巴哈为唯物主义者,也不应当称他为唯心主义者,又不应当称他为同一哲学家。那他究竟是什么呢? 在思想中的他,便就是在现实中的他,在精神中的他,便就是在肉体、在自己的感性实体中的他:他是人,或者,说得更确切一些——因为,费尔巴哈把人的实体仅仅置放在社会性之中——,他是社会的人,是共产主义者。

法 和 国 家

汪耀三　译

1

我不是因为我有权利生活才活着，而是因为我活着我才有不可争辩的生活权利。法是某种第二性的东西；有不是法的东西，即超越于法而不是人的规定的东西，先于法而存在。

2

法的真实性和可靠性完全依存于感觉的真实性和可靠性。签字的真实性、烙印的真实性、货币的真实性只有靠感觉来鉴定——公众的信用依存于感觉。个性的同一是意识！能够设想没有身体（它是唯一在感觉上可信赖的物质）上的同一的个性的同一吗？

3

法根本不依存于法规，反之，是法规依存于法。法规把是法的、并根据于法的东西固定下来，只是把法转变为对他人的义务。

4

最大的败德恶行之所以发生，乃是因为人们抹杀了我与他人之间在同一性中的区别。不待言，我们都是人；但这一事实自然是最微不足道的。应该用平等来反对倨傲不逊，因为倨傲不逊不允许别人是人，把自己看为超人一等，看为优越的生物，特殊宗族、特殊部族的生物，也如以前贵族阶级在对待平民和市民阶级的关系上看待自己那样；从而，应该提出平等来反对人为的区别。

5

没有一种政治，没有一个国家只以本身为目的。国家融解在人们当中，它只根据人们的意志而存在。所谓主观的人，乃是真正的人，真正的精神。这是基督教的真理。我们不能由基督教后退到异教的国家生活去，在这种生活中，人融解于国家之中，公民以它的完整性凌驾于人之上，虽然这种公民比之于现代的"臣民"是更具有人性的实体、更理想的实体。

与基督教的区别可能只在于主观的人充满了现实世界的内容，在于天上的、超自然主义的主观性变成了实践的主观性。

6

自由不是别的，而只是给人以无限活动的范围，这个范围适应于他的完整性，适应于他的一切力量和能力。如果国家与主观的精神不一样，而表现为客观真实的东西，那么人就会退化到与机器相等，缺乏人性，并作为抽象的数量成为国家的牺牲。一个人在意见中、在想象中所是的，总要高出于他实际上所是的。

7

在一个一切以专制君主的慈悲和专横为转移的国家中，每一个规章都会变为朝令夕改的，关于"永恒的道德律条"的观念、关于德行的必要性的信念会从灵魂里连根拔掉；关于对任何人都一视同仁的严格公正的必要性的信念将连根拔掉；自主感、勇气和对于德行的憧憬将连根拔掉。无限制的君主国乃是无道德的国家。

8

历史只不过是人类人性化的过程，对于人最初的和最接近的东西乃是最后的和最远的东西。人借助于对象化来表示自己的本质，人在开始把这个本质看为自己的本质之前，先是把它看作与自己有别的、超越于自己的本质，——这条道路是正确的道路——历史给它提供了最平淡无奇的例证。在天主教认为是属神的制度的东西，在新教则变成了属人的规定。

9

"世界来自上帝"这一命题与"国王来自上帝"这一命题是同一的东西。天赋的王权，也和天赋的世界一样是真实的。幻想的原因在那里被放置在自然的媒介、条件和原因的地位上，而在这里则被放置在政治的媒介、条件和原因的地位上。

10

人类的历史道路乃是注定给他的道路，因为人顺从自然界的运动，也如他，例如，顺从水流的运动一样。人们在他们找到的地方繁衍开来，而且这地方是适宜于他们的生存的。他们定住下来，并被他们所居住的地方所规定。印度的本质就是印度人的本质。印度人只是作为印度的太阳、印度的空气、印度的水、印度的动物和印度的植物的产物，才是印度人，并且已经成为印度人。这样，人原来怎么能够不是由自然界中产生出来的呢？原本适应于任何自然界的人类，是由自然界中产生出来的，而自然界是不容许达到极限的。

11

二元性，不协调是神学的本质，不协调也是君主政体的本质。前者我们有上帝与世界的对立，而后者我们有国家与人民的对立。前者也如后者一样，自己的本质作为另一种本质而与人对立：前者作为普遍的本质，后者作为现实的、个人的或单个的本质。"君主是神"，是似乎与他们实际是的多少有些不同的实体，即事实上与别人并没有什么不同的实体，在想象中却被尊崇为别种更高的实体。

12

想象乃是神学的力量，而想象也是君主政体的力量。当想象统治着人类的时候，君主总是要统治人类。一方面是奢侈、堂哉皇哉、光辉夺目、重视外表,他方面是贫乏、困苦和贫穷,这就是君主政体的各种必然属性。想象的力量只在最胜级中寻找快乐并扩展开来;只有最深刻的不幸适应于最高的幸福,只有地狱适应于天堂,只有恶魔适应于上帝。

13

在思维领域中把神学转变为人本学——这等于在实践和生活领域中把君主政体转变为共和国。

14

自由当然是最高级的东西,但它也和理念一样不是开端;它是目的;不是生理的生来的能力——人不是生来就自由的;自由是教育的结果,当然须立足在相应的天赋上。

15

相信由于信仰人类意志行为的必然性,所以人变得不自由了,相信由于有关自由的形而上学的学说,所以人变得自由了,再没有比这种相信更可笑的了。

16

幻想的、迷妄的、脱离必然性的无规律性怎么能够与自由的自然必然性相协调呢?这种责难如同向动物的运动是依从杠杆和力学的定律这一真理提出了如下的问题:动物的跳跃、这里那里奔跑、跌落和绊倒怎么能与上述的合规律性相协调,是同样的荒唐。

17

　　自由也如一切类似的一般的词一样，是在这样一种不确定的意义上来使用的，即对于许多人说来，自由的被否定、亦即幻想的自由的被否定是与任意变换位置的被否定同一的，以至对他们说来，"人是不自由的"这种说法，就等于说"人不是人，不是行动着的生物，而只是植物、石头"。

18

　　我不明白，一个唯心主义者或一个唯灵论者，如果他至少是始终一贯的话，怎么能够把外部的政治自由提出来作为自己的目的。不错，唯灵论者有充分的精神自由；他越受外部的压迫，就越有理由享用内心的自由。唯灵论者所了解的政治自由乃是在政治领域内的唯物主义。事实上，物质的、肉体的自由也属于现实的自由。出版自由不仅给我的头脑，而且也给我的心、我的肺、我的胆汁以广阔的场所和空气。而唯灵论者则有充分的想象的自由。

19

　　在卡斯退拉反对西班牙君主政体的演说中，有如下一段话："人类的历史是观念与利益不断斗争的历史，利益总是在瞬间内获得胜利的，而观念则总是在长期间内获得胜利。"
　　这是怎样的一种对置呀？难道观念不也是利益吗？难道观念不是只在瞬间未被认识的、被蔑视和被迫害的利益，还未生效的、未被法律承认的利益，与现在占统治地位的个别阶层的特殊利益有抵触的利益,暂时还存在于观念中的利益,普遍的人类的利益吗? 公道不是一般的利益,亦即受到不公道的待遇的人们的利益吗? 虽然,不言而喻,不是那些利用了这种不公道的人们的利益,即不是那些只在对其他各阶级的优越性中寻觅满足的阶层和阶级的利益。简言之,观念与利益之间的斗争就是旧与新之间的斗争。

20

有多少社会恶害可以像缺乏移民船那样很容易地,或至少不致导致大的混乱地被消除,虽然它们的消除,只有当旧的实践达到完全不能再继续下去的时候才是可能的。人总只是在压力下、总只是在受到强迫时才行动的,政府的行动也是这样,它从来也不能像它的美词丽句所说的那样可以任意行动;从来也不能自由地、有理性地、按事先考虑好地去做。

21

人民与庶民有什么区别呢? 如果庶民相信或做了看来是统治阶级所喜欢或对统治阶级有利的事,那么庶民就是人民;反之,人民就是庶民①。

---

① 这个警句带有讽刺性质。——俄文编者注

图书在版编目(CIP)数据

哲学短篇集/(德)费尔巴哈著;洪谦等译.—北京:
商务印书馆,2022(2023.1重印)
(费尔巴哈文集;第11卷)
ISBN 978-7-100-20805-5

Ⅰ.①哲… Ⅱ.①费… ②洪… Ⅲ.①哲学—文
集 Ⅳ.①B-53

中国版本图书馆 CIP 数据核字(2022)第 035570 号

费尔巴哈文集
第 11 卷
哲学短篇集
洪谦 荣震华 王太庆 等译

商 务 印 书 馆 出 版
(北京王府井大街 36 号 邮政编码 100710)
商 务 印 书 馆 发 行
北京通州皇家印刷厂印刷
ISBN 978-7-100-20805-5

2022 年 7 月第 1 版 开本 710×1000 1/16
2023 年 1 月北京第 2 次印刷 印张 13¼
定价:92.00 元